외계인 데이노이드의 지구인 관찰 보고서

글 밸러리 와이어트
그림 두잔 페트리시크

꿈틀

# 차례

첫 만남 5

피트, 데이노이드를 만나다 8

피트의 피부를 엿보다 12

피트의 두뇌를 뒤지다 28

피트의 감각을 느끼다 36

피트의 소화기관을 살피다 57

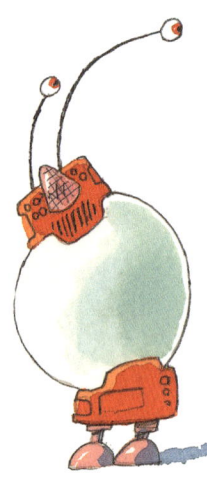

피트의 뼈를 파헤치다 66

피트의 근육 속을 침투하다 74

피트의 심장까지 도착하다 82

피트의 숨쉬기를 모니터하다 92

마지막 만남 102

✽ 글쓴이 밸러리 와이어트
어린이를 위한 책을 만드는 편집자이자 작가. 지은 책으로 〈소녀, 그리고 셈할 줄 아는 이들을 위한 수학〉,
〈소녀, 그리고 알고 싶은 게 많은 이들을 위한 과학〉 등이 있다.

✽ 그린이 두잔 페트리시크
〈놀아보자! 어린이를 위한 게임〉외에 어린이책에 그림을 그렸다.

✽ 옮긴이 신수경
대학과 대학원에서 프랑스 문학을 공부한 뒤, 외국의 좋은 도서를 우리나라에 소개하고 옮기는 일을 하고 있습니다.
옮긴 책으로 『비밀이 담긴 명화 이야기』, 『공룡이 보인다!』, 『변신 재주꾼 물 이야기』,
『페넬로페 지식 그림 동화』, 『아빠를 부탁해』 등이 있습니다.

첫 만남

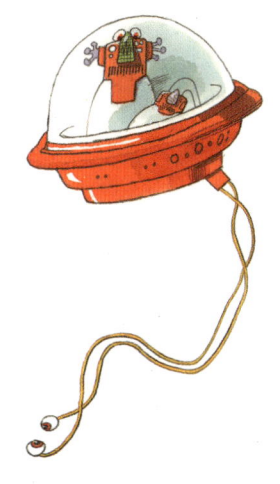

　메모 행성에서 온 우주선이 성간 먼지 구름 속을 지나다가 방향을 틀었어요. 먼지가 사라지고 나서, 메모 행성의 조종사 데이노이드는 낯선 푸른빛 행성 하나를 발견했어요. 데이노이드는 우주선을 조종하여 그 행성 가까이로 다가갔어요. 그리고는 행성의 표면을 스캔하여 중앙 본부로 보냈어요.

　"대장님, 이 행성의 외계 생명체를 연구하게 해 주십시오."

　"데이노이드, 기꺼이 허락하겠다. 그곳은 지구라는 행성이다. 넌 지구 정보 은행을 통해 기본적인 정보를 얻을 수 있을 거다. 새로운 정보를 얻는 대로 바로바로 보고하도록!"

　"알겠습니다, 대장님."

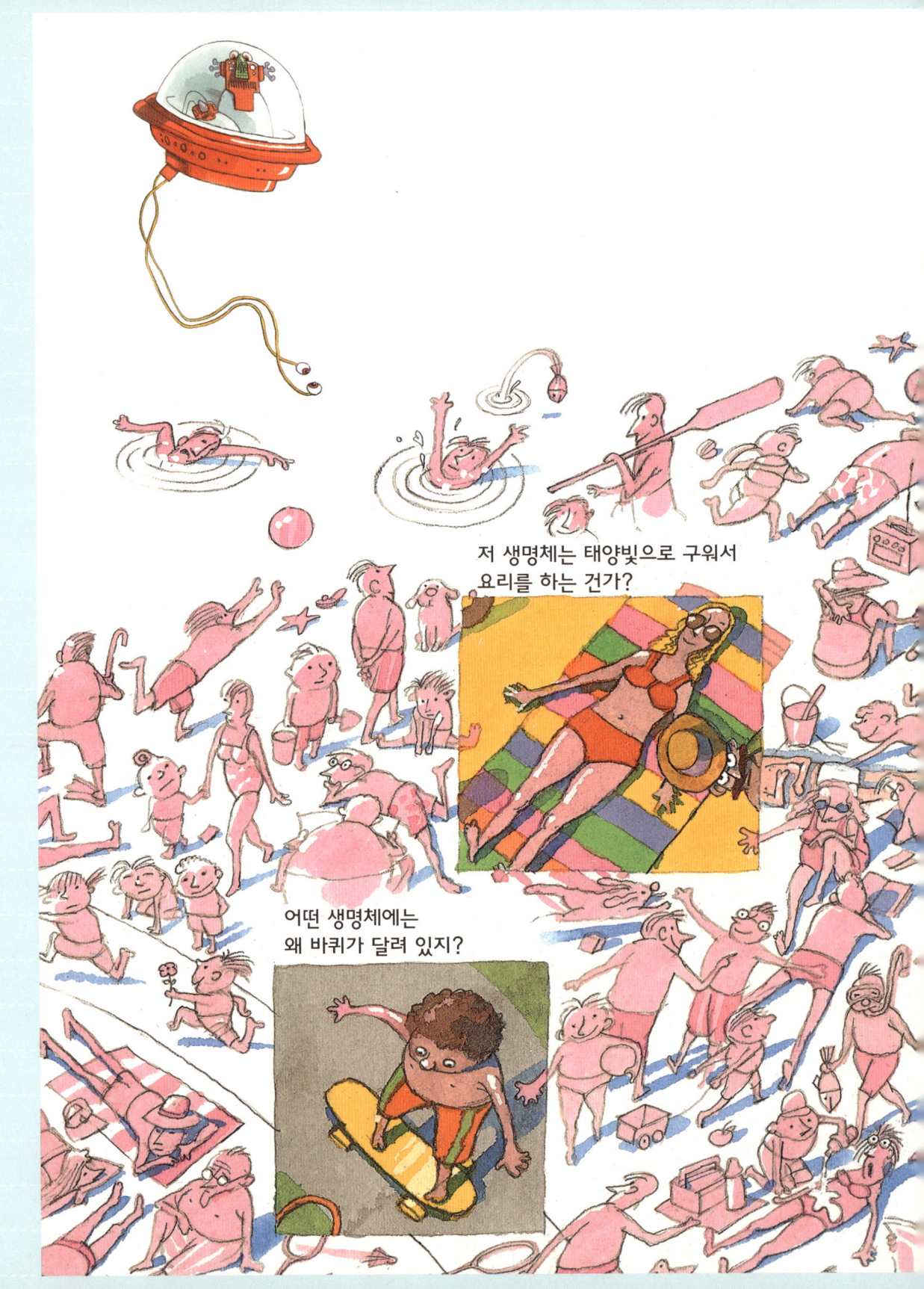

피트, 데이노이드를 만나다

"이봐."

이상한 물체 하나가 해변 산책로에 있는 스낵바 뒤편에 있었어요. 그 물체는 반짝거리는 붉은 빛을 내고 있었는데, TV 리모컨보다도 버튼이 더 많았어요. 피트가 이 신기한 기계의 버튼 하나를 눌러 보려고 다가왔어요.

그러자 기계 목소리가 공손히 말했어요.

"건드리지 말아 줘."

꼭 자동차 경보장치가 말하는 것 같았어요.

"이건 자동차 경보장치 아니야."

그 목소리가 말했어요.

"난 데이노이드라고 해."

피트가 뒤로 펄쩍 물러섰어요.

이크! 이 기계는 사람의 마음을 읽을 수 있나 봐요! 피트의 머리카락이 위로 쭈뼛 섰어요.

"난 데이노이드라고 해. 메모 행성에서 왔어."

기계가 계속 말을 했어요.

'와, 재미있다. 진짜 외계인인가 봐?'

피트는 속으로 생각했어요.

"난 피노키오라고 해."

"피노키오, 만나서 반가워."

그 외계인이 말했어요. 외계인의 눈알 두 개가 머리통 바깥으로 삐져 나와 물결쳤어요. 피트는 눈알을 바로잡아 주고 싶지 않았어요.

"데이노이드는 지구인의 몸을 알고 싶어."

그 물체의 눈알이 각기 다른 각도에서 피트를 바라봤어요.

"절대 안 돼!"라고 피터가 대답하자, 한동안 아무 말이 없었어요. 그러더니 그 기계 목소리가 말했어요.
"함께 해 보자. 그럼 데이노이드의 우주선을 타게 해 줄게."
피트는 낯선 자동차를 타는 것보단 더 마음에 들었어요. 아무도 외계 우주선에 대해 알고 있는 사람이 없을 테니까요. 게다가 피트는 2주 뒤에 과학 경시 대회에 내야만 하는 과제가 있었어요. 과제의 주제는 사람 몸에 관해 연구해 오는 거예요. 그 외계인이 피트의 머릿속을 읽자, 몇 가지 아이디어가 떠올랐던 같았어요.

피트는 깊게 한숨을 내쉬며, 주변에 자신이 이 이상한 외계인과 말하는 걸 보는 사람이 없는지 둘러봤어요. 그러고는 이렇게 대답했어요.
"좋아. 해 보자."

외계인 상식: 지구인

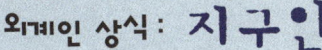

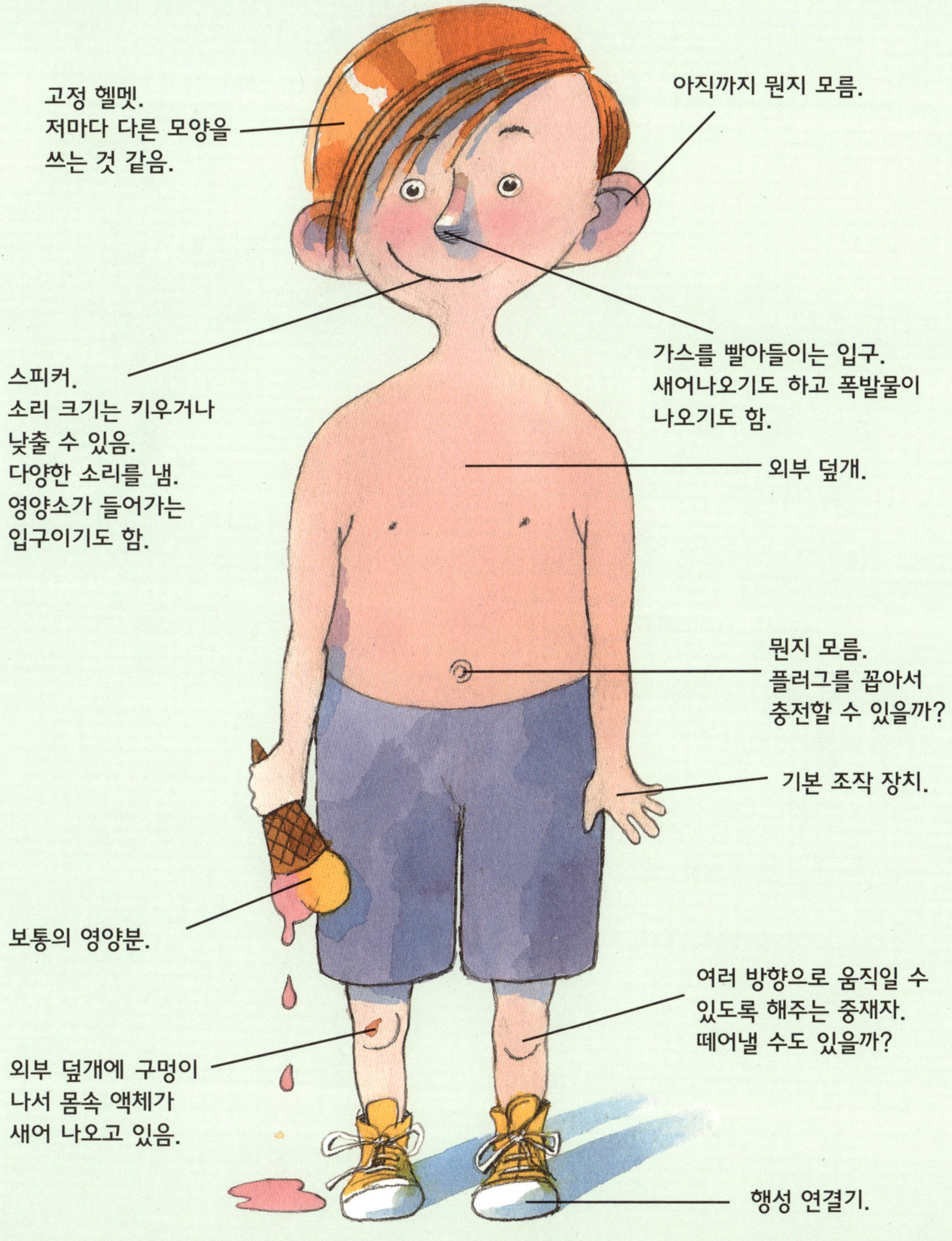

- 고정 헬멧. 저마다 다른 모양을 쓰는 것 같음.
- 아직까지 뭔지 모름.
- 스피커. 소리 크기는 키우거나 낮출 수 있음. 다양한 소리를 냄. 영양소가 들어가는 입구이기도 함.
- 가스를 빨아들이는 입구. 새어나오기도 하고 폭발물이 나오기도 함.
- 외부 덮개.
- 뭔지 모름. 플러그를 꽂아서 충전할 수 있을까?
- 기본 조작 장치.
- 보통의 영양분.
- 외부 덮개에 구멍이 나서 몸속 액체가 새어 나오고 있음.
- 여러 방향으로 움직일 수 있도록 해주는 중재자. 떼어낼 수도 있을까?
- 행성 연결기.

피트의 피부를 엿보다

기계 목소리가 말했어요.
"지구인의 몸 표면 스캔 준비 완료!"
그러더니 데이노이드의 눈알이 피트의 팔을 향해 다가 오기 시작했어요.
피트는 더럭 겁이 났어요.
"이거 다치게 하는 거 아니지?"
"절대 아님."
눈알은 빨갛게 빛을 내며 움직였어요. 피트는 살짝 따끔거렸어요. 하지만 아프진 않았어요.
반짝거리는 데이노이드의 몸에 영상 하나가 나타났어요.
"이봐!"

피트는 영상을 자세히 봤어요.

"이게 내 피부인가 봐. 징그러워."

"피부가 뭐야?"

"내 몸 바깥을 둘러싸고 있는 걸 말해."

영상이 사라지더니 데이노이드의 금속성 몸이 햇빛 때문에 희미하게 반짝였어요.

피트는 그것을 만져볼까 하다가, 겁을 먹고 물러섰어요.

"네 피부는 뭘로 만들어졌는데?"

"드루코니움."

"드루, 뭐라고?"

피트가 물었어요.

"드루코니움. 마무리가 잘 처리된 아스트로블라스터와 질긴 크림토나이트가 섞인 것인데, 피부를 살 때 '몇 드루코니움 주세요.' 이렇게 말하지."

"넌 피부를 샀다고?"

"그럼, 네 피부는 어디서 났는데?"

"태어날 때부터 생겼어. 그리고 만들어지기도 했고."

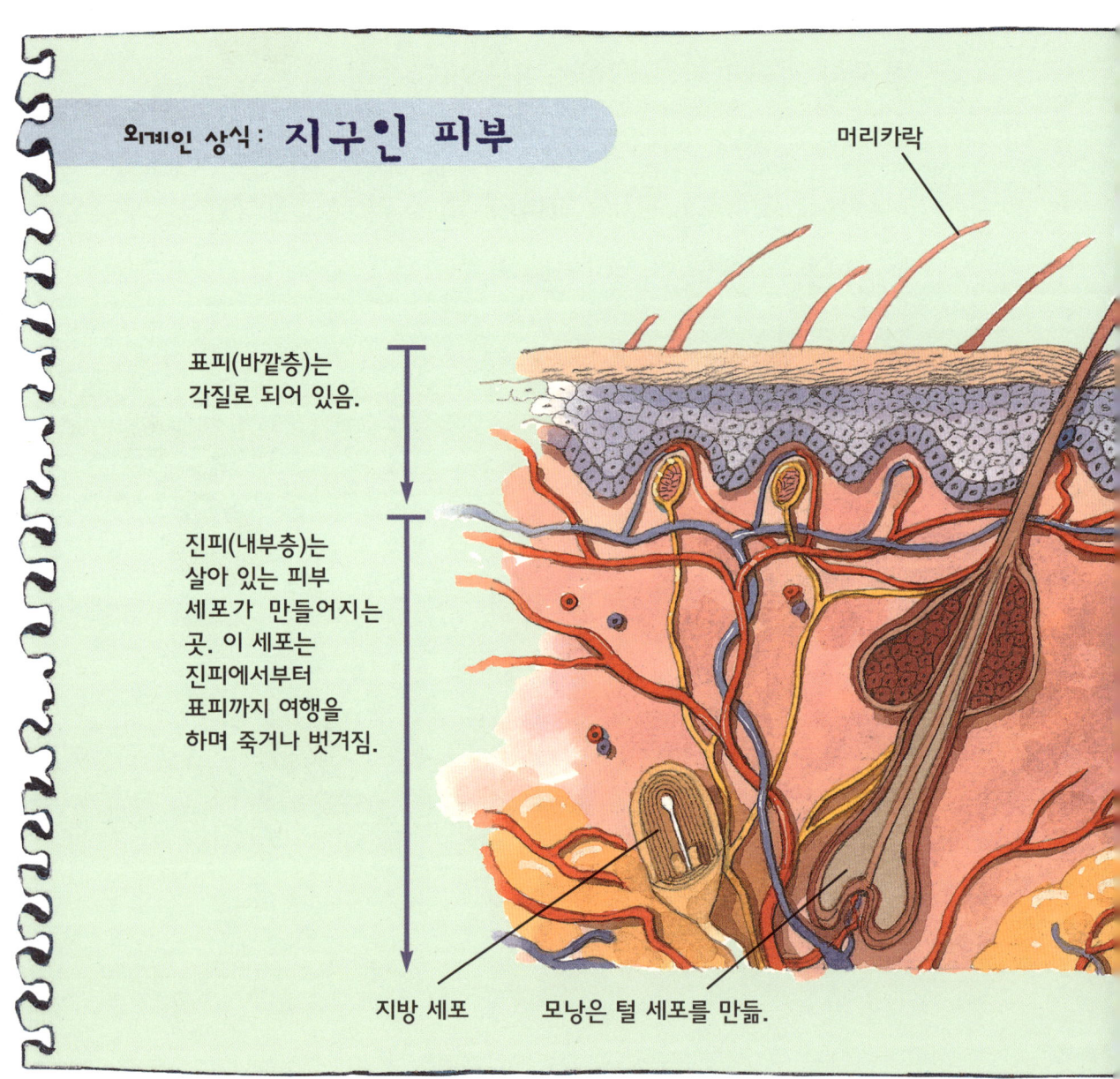

데이노이드의 눈알이 튀어나왔어요.
"말도 안 돼. 피부가 지금 너한테 꼭 맞잖아."
"피부도 나랑 같이 자라거든."

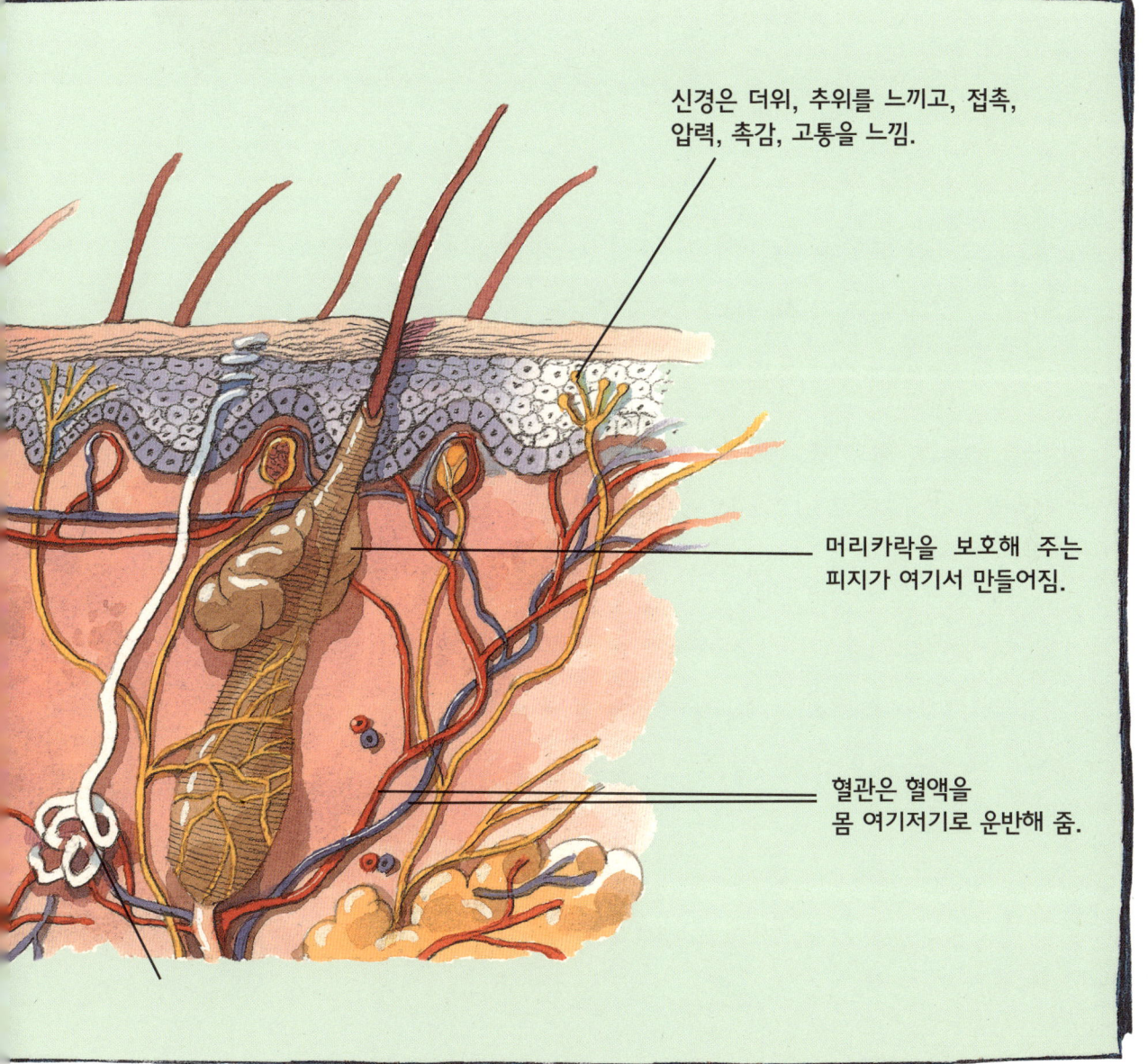

데이노이드는 핵 날더니 짤까닥 소리를 냈어요.

"데이터가 파악이 안 되는군."

외계인은 옥수수 알이 팝콘이 되어 터지면서 나는 것 같은 소리를 냈어요.

"이건 데이노이드가 사용 중인 네 번째 덮개야. 처음 두 개는 너무 작았어. 세 번째는 유성체 때문에 움푹 패였었고."

"사람 피부는 자랄 수 있고, 알아서 치료도 돼."

피트가 자랑스럽게 말했어요.

"피부는 살아 있어."

데이노이드의 눈알이 흔들렸어요.

"덮개가 살아 있다고?"

피트는 데이노이드한테 무릎에 난 상처를 보여 주었어요.

"이거 보이지? 1~2주 지나면, 내 피부는 새것처럼 좋아질 거야."

"피부 치료 도구는 어딨어?"

"몸에 태어날 때부터 붙어 있어. 핏덩어리가 구멍을 틀어막아서 피가 나는 걸 막아 줘. 핏덩어리가 딱딱해지는데, 그걸 딱지라고 해. 피부 속이 치료가 될 때까지 딱지가 있게 되지."

피트는 딱지에 대해 제법 잘 알고 있었어요.

피트는 과학 경시 대회에 딱지들을 출품할 생각이었어요. 그런데 아빠가 피트가 수집한 딱지를 진공청소기로 빨아들였지 뭐예요. 그래서 주제를 바꿔야만 했거든요.

"데이노이드는 피부가 치료되는 걸 연구하겠어."

데이노이드의 눈알이 피트의 상처 주위를 떠다녔어요. 데이노이드의 반짝이는 몸에 세 개의 영상이 불쑥 나타났어요.

외계인 상식: 지구인의 피부 치료

비만세포는 피부를 따갑고 붉게 한다. 빠른 치료를 위해 열이 나는 것이고, 지구인이 상처가 낫는 동안 조심하라는 의미로 통증을 준다.

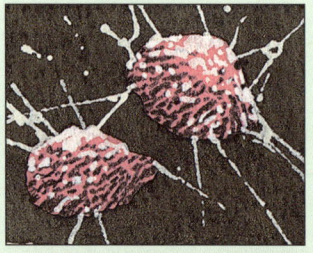

대식세포는 '청소부' 역할을 한다. 대식세포는 상처 주위의 죽은 박테리아를 먹는다.

섬유아세포는 상처로 찢어진 피부가 서로 붙도록 해준다.

데이노이드는 몸 색깔이 조금 푸르게 변하더니 트림 같은 소리를 내기 시작했어요.

큰일이에요! 이 외계인이 어디 아픈가? 기분 전환을 시켜줘야 하나? 피트는 손가락을 폈어요.

"이 피부를 살펴 봐."

데이노이드가 작동했어요. 데이노이드의 몸 색깔이 다시 평소처럼 돌아왔어요.

"이 물결치는 무늬는 뭐야?"

데이노이드가 물었어요.

"이게 있어서 물건을 쥐는 게 가능해. 과학 경시 대회 주제로 삼아도 되겠다. 서로 다른 손가락의 피부를 이용해서 손가락의 쥐는 힘을 시험해 봐야겠어."

손가락 쥐기 실험

실험준비물

이쑤시개 10개, 초를 잴 수 있는 손목시계나 시계, 필기도구
투명 테이프, 색 테이프, 여러 종류의 장갑(고무장갑, 털장갑 등)

방법

1. 테이블 위에 이쑤시개를 펼쳐 놓는다.
2. 한 손으로 한 번에 한 개씩 이쑤시개를 집는다. 5초 동안 몇 개나 집을 수 있을까? 그 숫자를 기록한다.
3. 손가락 끝부분에 투명 테이프를 붙인다. 5초 동안 몇 개나 집을 수 있을까? 그 숫자를 기록한다.

4. 테이프를 붙이고 하는 시험이 끝나면, 여러 종류의 장갑을 끼고 똑같은 방법으로 시험한다. 시험하고 나면 똑같은 방법으로 장갑을 끼고 한다. 장갑을 끼고 각각 몇 개나 집었는지 기록한다. 이쑤시개를 가장 잘 집은 손가락은 어떤 것인가? 맨손가락과 뭐라도 끼운 손가락 중 어느 것이 더 잘 집었나?

 # 피부편

보통 지구인의 피부는 약 2제곱미터 넓이고, 무게는 2.5킬로그램 정도 나간다.

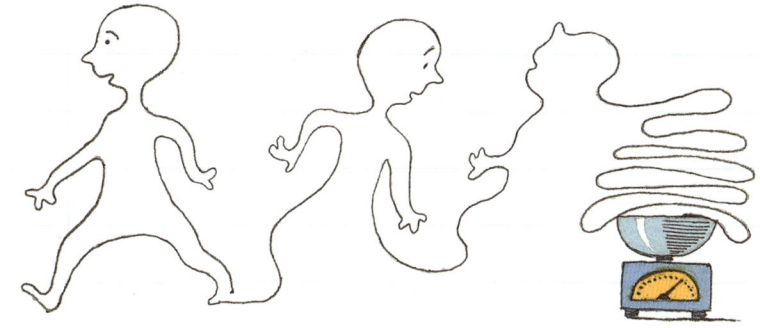

지구인은 지속적으로 각질이 벗겨지는데, 일흔 살이 될 때까지 대개 48킬로그램 정도의 피부를 잃게 된다.

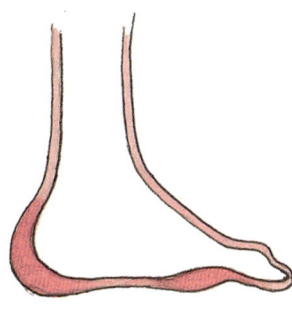

지구인의 피부는 어떤 곳은 얇고, 어떤 곳은 두껍다.

발꿈치나 손바닥을 덮고 있는 두툼한 피부가 가장 두껍다. 이것은 신발을 신거나 발이 찢어지는 걸 막기 위해서다. 가장 얇은 피부는 눈꺼풀이다.

피트는 머리카락 속에서 뭔가 기어 다니는 걸 느꼈어요. 그래서 그걸 찰싹 때렸는데, 그건 바로 데이노이드의 눈알이었어요.

"내 머릿속을 탐험하고 있었구나."

"지구인은 왜 피부 바깥층에서 죽은 케라틴이 자랄까?"

데이노이드가 물었어요.

"머리카락을 말하는 거야?"

피트는 케라틴이니 뭐니 하는 머리카락에 대해 생각해 본 적이 없었어요. 케라틴이 죽어 있는지에 대해서도요. 피트는 어깨를 으쓱했어요. 그러다 얼마전에 봤던 석기시대 동굴에 살던 원시인이 등장하는 영화가 생각났어요.

"내 생각엔 사람들은 한때는 체온 유지를 위해 머리숱이 아주 많았던 것 같아. 옷이 몸에 붙어 있는 것 같은 역할을 했을 거야."

데이노이드의 눈알이 피트의 짧은 머리카락을 스캔했어요.

"지금 지구인들은 (머리)옷을 입고 있는 거네. 너는 왜 머리카락이 필요하지?"

피트는 머리 자르는 것과 머리 감을 때마다 눈에 샴푸가 들어가는 게 얼마나 싫은지 생각했어요.

"좋은 질문이야."

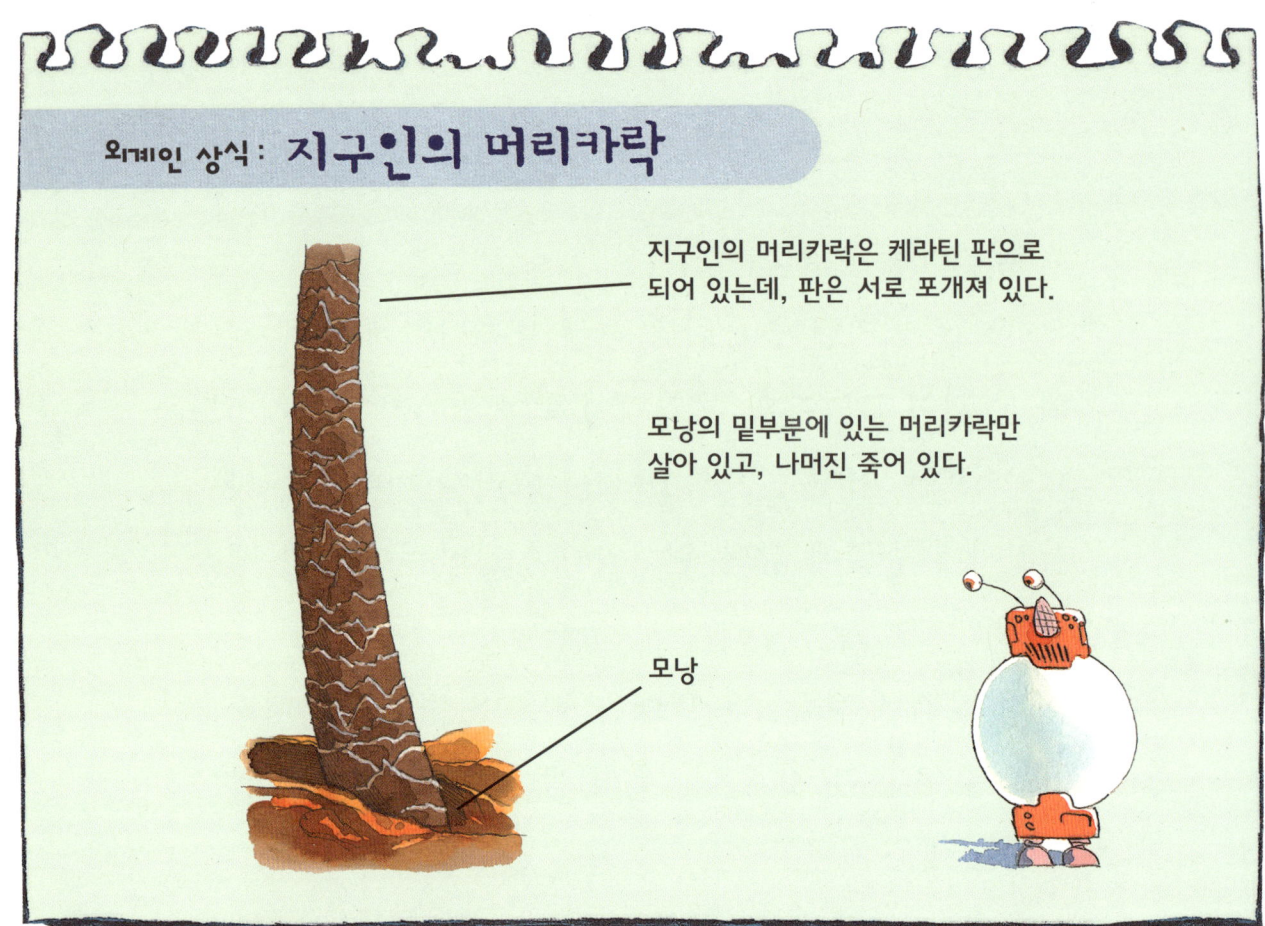

그때 데이노이드의 눈알이 피트의 손톱으로 옮겨왔어요.

"이것들은 딱딱하네. 드루코니움 같아."

외계인이 말했어요.

"응, 하지만 손톱은 살아 있어. 늘 자라거든."

"얼마나 빨리 자라는데?"

"아주 좋은 질문이야."

손톱은 얼마나 빨리 자랄까?

실험 준비물

색깔 있는 매니큐어

방법

1. 손톱 한 개 안쪽 끝부분에 매니큐어를 한 줄 칠한다.
2. 1주일 지나고 나서, 손톱 안쪽 끝에서부터 그 선이 얼마나 멀어졌는지 길이를 측정한다.
3. 2주일 지나고 나서, 그리고 3주일 지나고 나서, 그리고 4주일 지난 후 각각 측정한다. 손톱을 깍았다면 매니큐어를 다시 한 줄 칠한다. 한 달 뒤에 손톱은 얼마나 길게 자랄까?

손톱은 모두 똑같은 속도로 자랄까? 발톱은 어떨까? 다른 사람들보다 더 빨리 손톱, 발톱이 자라는 사람도 있을까?

머리카락 편

지구인은 하루에 50개에서 80개의 머리카락이 빠진다. 대부분 사람들은 머리카락이 빠진 부분에서 다시 새 머리카락이 자란다.

지구인의 머리숱은 머리색에 달려 있다. 금발 머리숱은 약 14만 개, 붉은색 머리숱은 약 9만 개, 검은색이나 갈색 머리숱은 약 11만 개이다.

머리카락은 한 달에 1센티미터 정도 자란다.
머리카락은 모낭의 형태에 따라 곱슬거리기도 생머리이기도 하다. 생머리는 둥근 모낭 바깥에서 자라는 머리카락이고, 곱슬머리는 평평한 모낭이나 타원형 모낭에서 자란다.

지구인 몸은 손바닥과 발바닥만 빼고 모두 머리카락(털)이 자란다.
손톱과 발톱은 머리카락과 똑같은 성분인 케라틴으로 되어 있다.

받는이 : 대장
보낸이 : 데이노이드
제목 : 지구인의 몸 바깥부분

피노키오의 몸 바깥부분을 둘러싸고 있는, 즉 '피부'라고 하는 것은 메모 행성인의 몸을 덮고 있는 것보다 값싸고, 더 오래갑니다. 그리 매력적으로 보이진 않습니다. 피노키오는 자라면서 새로운 몸 덮개를 살 필요가 없습니다. 피노키오의 덮개는 성장하면서 함께 자랍니다. 덮개는 손상되거나 죽으면 그 자리에서 다시 새롭게 자랍니다.

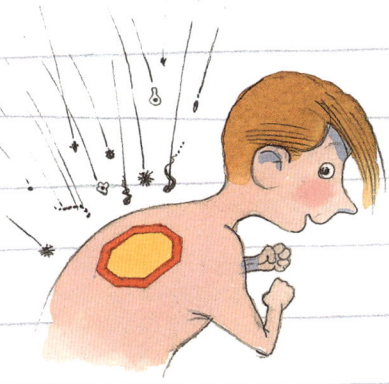

지구인은 피부가 있어서 세균, 상처, 방사선으로부터 몸속을 보호 받는 듯합니다. 피부 속 신경이 중앙처리장치로 정보를 보냅니다.

철사같이 생긴 '머리카락'은 죽은 케라틴으로 구성되어 있는데, 몸 여기저기에서 피부 바깥으로 삐져나옵니다. 피노키오가 그러는데, 때때로 머리카락에 헤어젤이라는 혼합물을 바르고 끝을 자르기도 한다고 합니다.

피트의 두뇌를 뒤지다

"네 중앙처리장치는 어디에 있어?"
"내 뭐라고?"
피트가 물었어요.
"중앙처리장치 말이야. 네 몸을 운영하는 체계 말이야."
"아, 두뇌를 말하는구나."
피트가 자기 머리를 가리켰어요.
"그건 여기야."
"좀 보게 그것 좀 떼어 내 봐."
"내 두뇌를? 너 미쳤어?"
피트가 소스라치게 놀라기 시작했어요.
"이건 내 몸에 붙어 있는 거야!"

"데이노이드가 제대로 두뇌를 스캔할 수 있을 거야."

데이노이드의 눈알이 피트의 머리 여기저기를 빙빙 도는 바람에, 피트는 코가 간지러웠어요. 잠시 후 데이노이드의 반짝이는 몸에 영상이 나타났어요.

피트는 외계인이 움직임을 멈추자 그제야 안심이 되었어요.

"데이노이드가 지금 지구인의 두뇌 속을 스캔할 거야."

"내 두뇌 속을? 잠깐만."

데이노이드는 스캔을 멈췄어요.

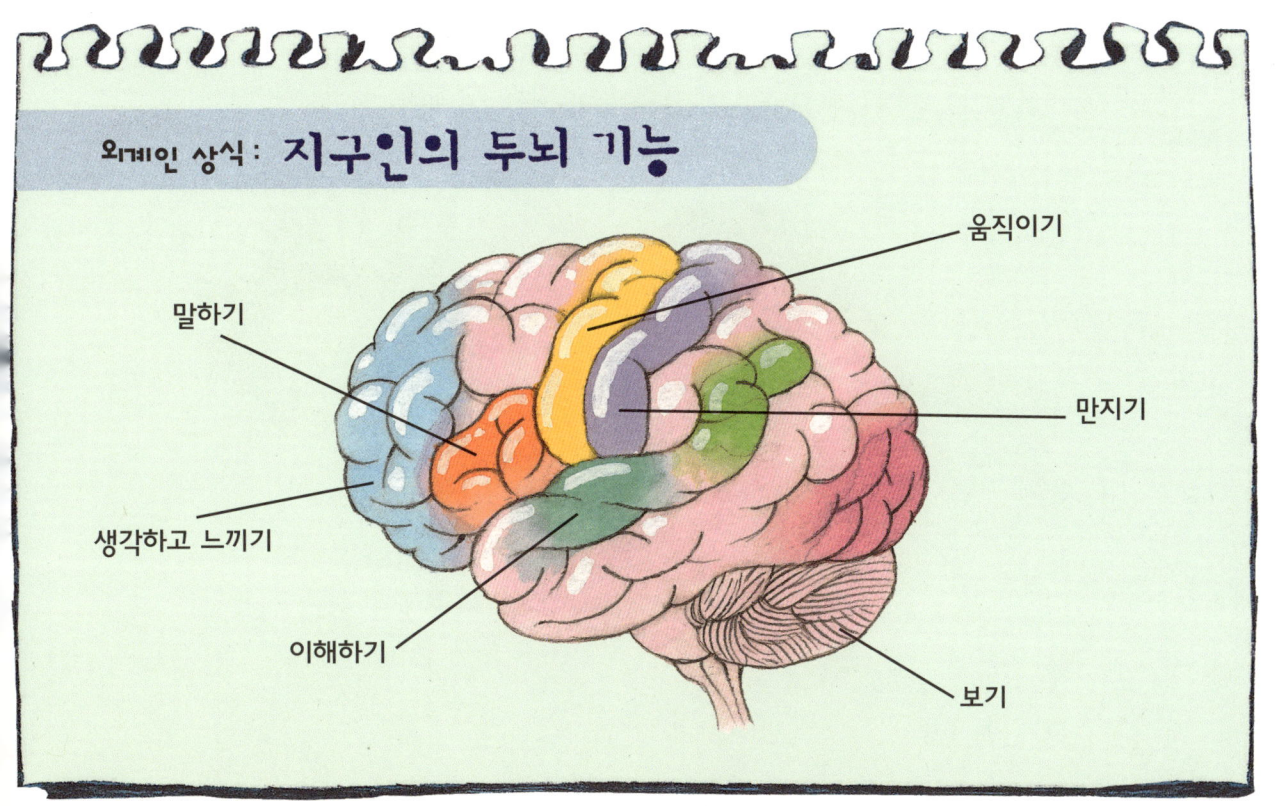

외계인 상식: 지구인의 두뇌 기능

- 움직이기
- 말하기
- 만지기
- 생각하고 느끼기
- 이해하기
- 보기

"지구인은 두뇌의 서로 다른 부분들이 제각기 다른 기능을 담당하는구나."

데이노이드가 왔다갔다 움직였어요.

"에이취!"

하지만 피트가 말을 더 하기도 전에, 간지럽던 피트의 코에서 재채기가 나왔어요. 참을 수가 없었어요.

처음에 피트는 물고기가 잠을 자고 있는 건지 궁금해졌어요. 그러고는 발끝을 빙빙 돌렸어요. 손바닥에선 땀이 났고, 식당에 갔을 때 봤던 12번 테이블이 기억났어요.

"우와!"

피트가 소리쳤어요. 갑자기 정신이 멍해졌지요.

"다시 기억장치 부분을 스캔해, 알았지? 그럼 내가 야구 모자를 어디에 두고 왔는지 생각날 거야."

"지구 정보 은행에 따르면, 지구인의 두뇌는 몸속에서 시간당 400킬로의 속도로 메시지를 전달한대."

데이노이드가 말했어요.

"두뇌에서부터 몸의 다른 기관들까지 얼마나 빨리 메시지를 전달할까?"

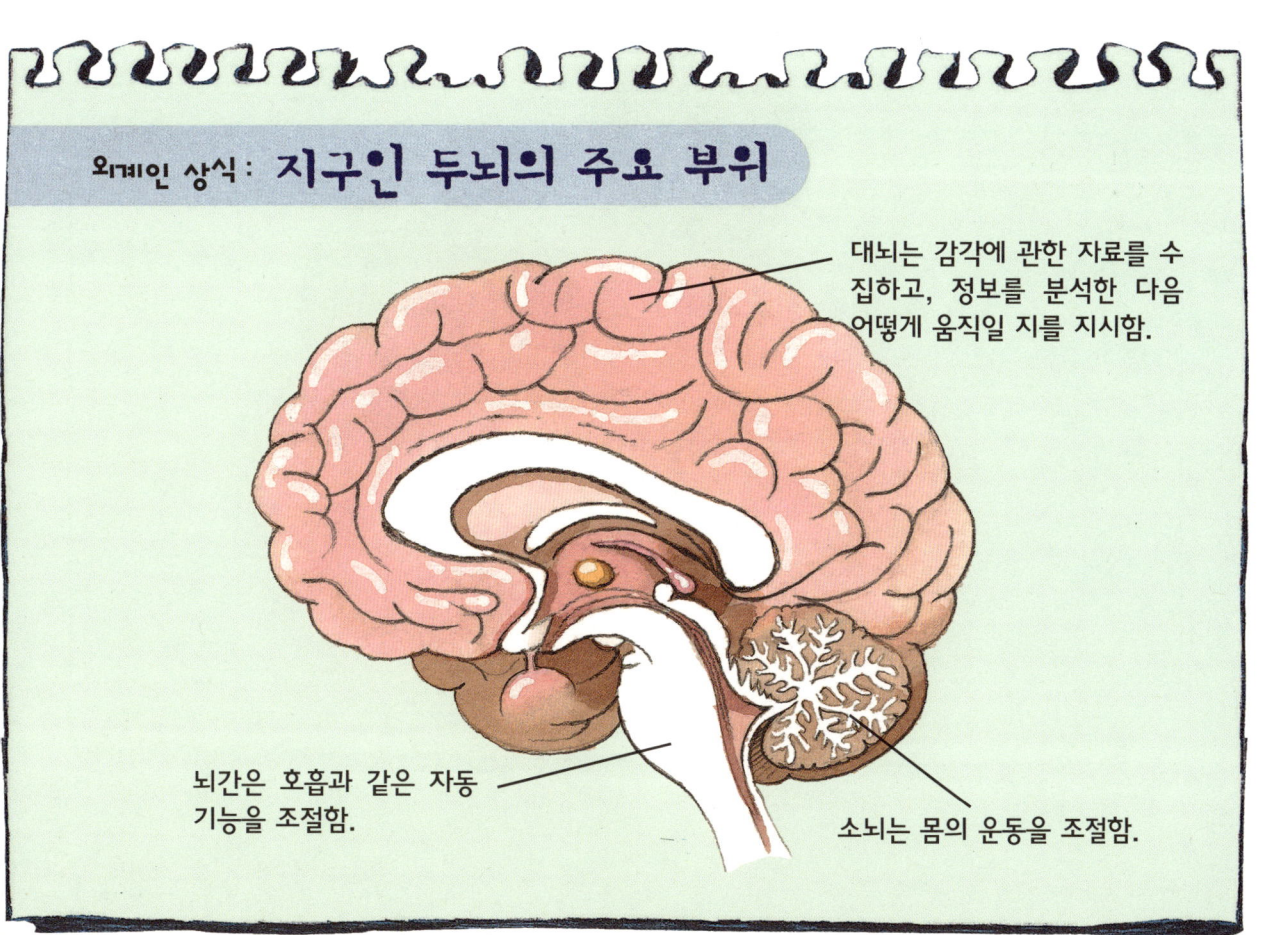

외계인 상식: 지구인 두뇌의 주요 부위

대뇌는 감각에 관한 자료를 수집하고, 정보를 분석한 다음 어떻게 움직일 지를 지시함.

뇌간은 호흡과 같은 자동 기능을 조절함.

소뇌는 몸의 운동을 조절함.

두뇌 편

지구인 두뇌는 커다란 호두처럼 생겼다. 무게는 작은 양배추만 하고, 말랑말랑한 젤리 같다.

두뇌 무게는 전체 몸무게의 $\frac{1}{50}$쯤 차지한다.
두뇌는 평생 동안 100조의 정보를 저장할 수 있다.

두뇌의 메시지 전달 속도 테스트

실험 준비물

긴 자

방법

1. 자를 숫자 높은 곳을 위로 해서 끝을 수직으로 잡는다. 한 사람한테 엄지손가락과 집게손가락을 반대편 끝부분에 위치하라고 한다. 그 사람의 손가락이 1센티미터 지점과 2.5센티미터 지점에 위치해 있어야 한다.

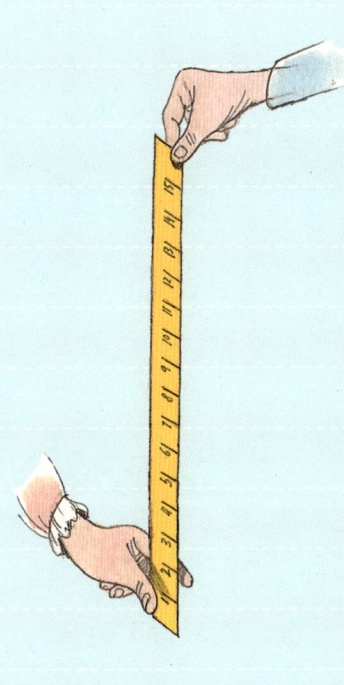

2. 여러분이 자를 떨어뜨릴 때, 상대방한테 엄지손가락과 집게손가락으로 자를 잡으라고 한다.

3. 갑자기 자를 떨어뜨린다. 상대방의 손가락이 자를 잘 잡았는지 확인한다. 더 낮은 숫자일수록 두뇌에서부터 손가락까지의 메시지의 전달 속도가 더 빠른 것이다.

받는이 : 대장
보낸이 : 데이노이드
제목 : 지구인의 중앙처리장치

피노키오의 중앙처리장치를 '두뇌'라고 하는데, 정보 저장소이며, 프로그램이 결합되어 있는 것 같습니다.

이 정보 저장소는 필요할 때마다 접근 가능한 단어와 영상을 가지고 있습니다. 저장소는 '메모리(=기억)'이라고 하고, 저장소 접근을 '학습' 또는 '회상'이라고 합니다. 지구인의 언어 또한 정보 저장소로부터 나옵니다.

프로그램은 쉬지 않고 계속 가동합니다. 프로그램은 생명체가 살아가는데 필요한 근육에게 계속 지시를 내립니다. 심장 근육처럼 말입니다. 뿐만 아니라, 소화나 호흡과 같은 기본 시스템도 지시합니다. (데이노이드는 앞으로 심장,

소화기관, 호흡기관에 관한 보고도 드릴 예정입니다.) 두뇌는 움직일 때마다 어떤 근육을 사용할 지도 지시합니다. 가령 피노키오가 외부 덮개가 가려워 긁고 싶다면, 가려운 위치에서 두뇌까지 메시지를 전달합니다. 그러면 두뇌는 손한테 그곳으로 가서 긁으라는 신호를 보냅니다.

게다가 두뇌는 두려움, 행복, 화, 그리고 지구인의 또다른 '감정'에도 관여하는 듯합니다. 또는 일시적 시스템 고장도 지시합니다.

피트의 감각을 느끼다

피트는 코에 감자튀김이나 식초를 가져다 대었어요.

"음, 냄새 맡아봐."

피트가 데이노이드한테 말했어요.

"'냄새 맡는 게' 뭔데?."

피트는 평소에 스낵바에서 외계인한테 냄새 맡는 게 뭔지 설명하게 되리라곤 상상해 본 적조차 없었어요. 하지만 지금 피트는 테이블에 있는 식초병을 집어 들어요.

"네 코는 어디에 있어?"

피트가 물었어요. 그랬더니 데이노이드한테서 호스

하나가 꿈틀거리며 삐져나왔어요.

"호스 말고."

피트가 말했어요.

"코 말이야."

데이노이드가 당황스러워하며 들었어요.

"우리 메모 인은 코가 없는데."

"그러면 이게 어떤 냄새가 나는지 어떻게 알아?"

"'냄새 맡는 게' 뭔지 설명해 줘."

피트는 우선 데이노이드의 눈알을 가르켰어요.

"이 눈알로 날 볼 수 있어. 그렇지?"

"당연하지."

눈알이 하나씩 다른 방향으로 통통 튀었어요.

"이건 데이노이드의 정보 흡입기야."

"정보 흡입기라고? 넌 눈알로 듣고, 맛보고, 냄새 맡고, 만질 수 있다고 말하는 거지?"

데이노이드는 아래 위로 통통 튀며 아무 말이 없었어요.

피트가 다시 이야기를 꺼냈어요. 피트는 식초병을 내려놓았어요.

"이 병에 뭐가 들어 있는지 어떻게 알 수 있을까?"

데이노이드가 그 정보 흡입기를 꼼지락꼼지락거렸어요.

"데이노이드는 모든 정보를 캐내기 위해 스캔을 하지."

"맞았어, 바로 그거야!"

"내 감각들이 하는 일이 바로 그거야. 그것들은 물질들을 스캔해서 두뇌로 정보를 보내거든."

피트가 눈과 귀를 가르켰어요.

"난 눈과 귀로 보고 들어."

그러더니 피트는 자신의 코와 입을 가르켰어요.

"코와 입으로는 냄새 맡고 맛을 보지. 그러면 내 몸 전체에서 그 감각을 느끼지."

"스르륵 스르륵 두두. 지구인 감각 탐색 준비."

데이노이드가 말했어요.

"지구 정보 은행에서 그러는데, 지구인의 코는 4천 가지의 냄새를 맡을 수 있대. 제발 보여줘 봐."

냄새 맡는 걸 보여 달라니? 피트에게 좋은 생각이 떠올랐어요. 데이노이드의 정보 흡입기 한쪽에 식초를 많이 떨어뜨리고 다른 쪽엔 레몬을 짰어요.

양쪽 정보 흡입기가 반응했어요.

"순하게 신맛."

기계에서 말했어요.

"그리고……, 강하게 신맛."

"아니야. 식초와 레몬이야. 이걸 확인해 봐. 내가 눈을 감을 테니, 내 코에다 레몬이든 식초든 갖다 대봐. 내가 냄새로 맞춰 볼게."

피트는 눈을 감고 코를 킁킁거렸어요.

"식초다."

피트가 말했어요. 이번엔 피트가 갑자기 레몬 냄새를 맡았어요. 데이노이드가 갑자기 빠르게 식초로 바꿨다가 레몬으로 바꿨다가 했어요. 그랬더니 피트의 감각은 뒤죽박죽이 돼 버렸어요.

"식초. 레몬. 식초. 레몬. 식……, 이제 그만 좀 해!"

과학 경시 대회 주제

여러분의 후각이 다 느낄 수 있을까요?

실험 준비물

냄새로 알아낼 수 있는 음식 6가지(치즈, 양파, 레몬, 식초, 마늘, 후추 같은 것)

뚜껑이 있는 작은 병 6개

눈가리개

방법

1. 여러 종류의 음식을 각 병에 넣고 뚜껑을 닫는다.
2. 실험대상자한테 눈가리개를 씌운다. 차례로 병뚜껑을 열어서 내용물의 냄새를 맡게 한다. 코를 킁킁거리고 나면 뚜껑을 다시 닫는다. 대상자는 냄새를 몇 개나 제대로 맞혔을까?
3. 시험을 반복해서 한다. 이번엔 다른 순서로 병을 열어 내용물 냄새를 맡게 한다. 순서에 차이가 있었는가?

후각은 나이를 먹을수록 약해질까? 나이별로 다양하게 시험해 봐.

피트가 감자튀김 냄새를 킁킁거리며 맡다가, 입 속에 소금과 후추를 넣었어요.

"음!"

"응?"

피트가 감자튀김을 꺼냈어요.

"이건 끔찍한 맛이야!"

이런! 피트 혀에 무시무시한 게 닿았어요. 데이노이드의 정보 흡입기!

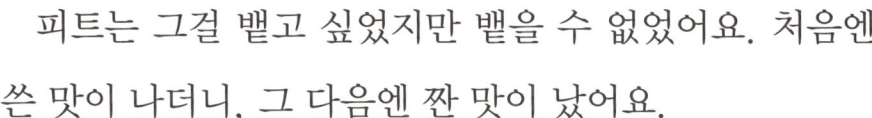

피트는 그걸 뱉고 싶었지만 뱉을 수 없었어요. 처음엔 쓴 맛이 나더니, 그 다음엔 짠 맛이 났어요.

데이노이드의 정보 흡입기가 피트의 혀 속으로 들어오자, 피트는 콩소스가 들어간 애플파이 같은 냄새를 맡았어요. 다음엔 포도젤리가 들어간 생선맛이 났어요. 그러더니 데이노이드의 표면에 이런 영상 나타났어요.

외계인 상식: 지구인 미각 분석기

요철들은 혀를 덮고 있는 돌기를 말한다. 돌기에는 기다란 맛 세포가 달린 미뢰(맛봉오리)가 있다. 음식물은 맛 세포 위를 흐르고 있는 침과 섞인다. 어떤 맛인지 구분하여 두뇌에 그 정보를 전달한다.

퉤퉤! 피트가 정보 흡입기를 뺄고 입을 닦아냈어요. 메스꺼웠어요!

"넌 맛을 제대로 못 봤구나."

데이노이드가 말했어요.

피트는 무슨 뜻인지 헷갈렸어요. 데이노이드는 피트가 제대로 맛을 못봤다는 건지, 아님 후각이 나쁘다고 말하는 걸까요? 피트가 물어보기도 전에, 데이노이드의 정보 흡입기가 피트의 코 위를 빙빙 돌아다녔어요.

"안 돼!"

피트는 감기에 걸리면 음식의 맛을 잘 느끼지 못한다는 게 기억났어요. 갑자기 좋은 생각이 하나 떠올랐어요.

냄새는 맛을 느끼는 데 얼마나 중요할까?

실험 준비물

딸기 주스, 파인애플 주스, 복숭아 주스 각 한 잔씩
눈가리개

방법

1. 주스 맛 보기 시험을 해 보고 싶은 사람을 찾는다. 실험대상자한테 미리 어떤 주스를 맛 볼 것인지 말해 주거나 주스잔을 보여 주지 않아야 한다. 색을 보고 주스를 알아맞힐 수도 있다.

2. 실험대상자에게 눈가리개를 씌운다.

3. 실험대상자한테 코를 막으라고 한다. 조심스럽게 딸기 주스 잔을 실험대상자 손에 쥐어 준다. 한 모금 마시게 하고 어떤 맛이 나는지 말하라고 한다. 대상자는 제대로 말했는가?

4. 이런 실험을 여러 번 반복한다. 실험대상자가 맛을 볼 때 꼭 코를 막아야 한다. 몇 개나 맞혔는가?

5. 계속 시험한다. 그때마다 대상자는 계속 눈을 가려야 한다. 하지만 이번에는 코를 막지 않고 해본다. 몇 개나 맞혔는가? 실험대상자는 냄새를 맡으면, 어떤 맛인지 알아맞추는데 더 도움이 되는가?

"데이노이드는 이제 지구인의 청각을 시험해 볼 거야."

피트는 제발 아는 친구가 지나가지 않길 바라며 주위를 둘러봤어요. 피트가 귓속에 외계인 정보 흡입기가 있는 걸 어떻게 설명할 수 있겠어요?

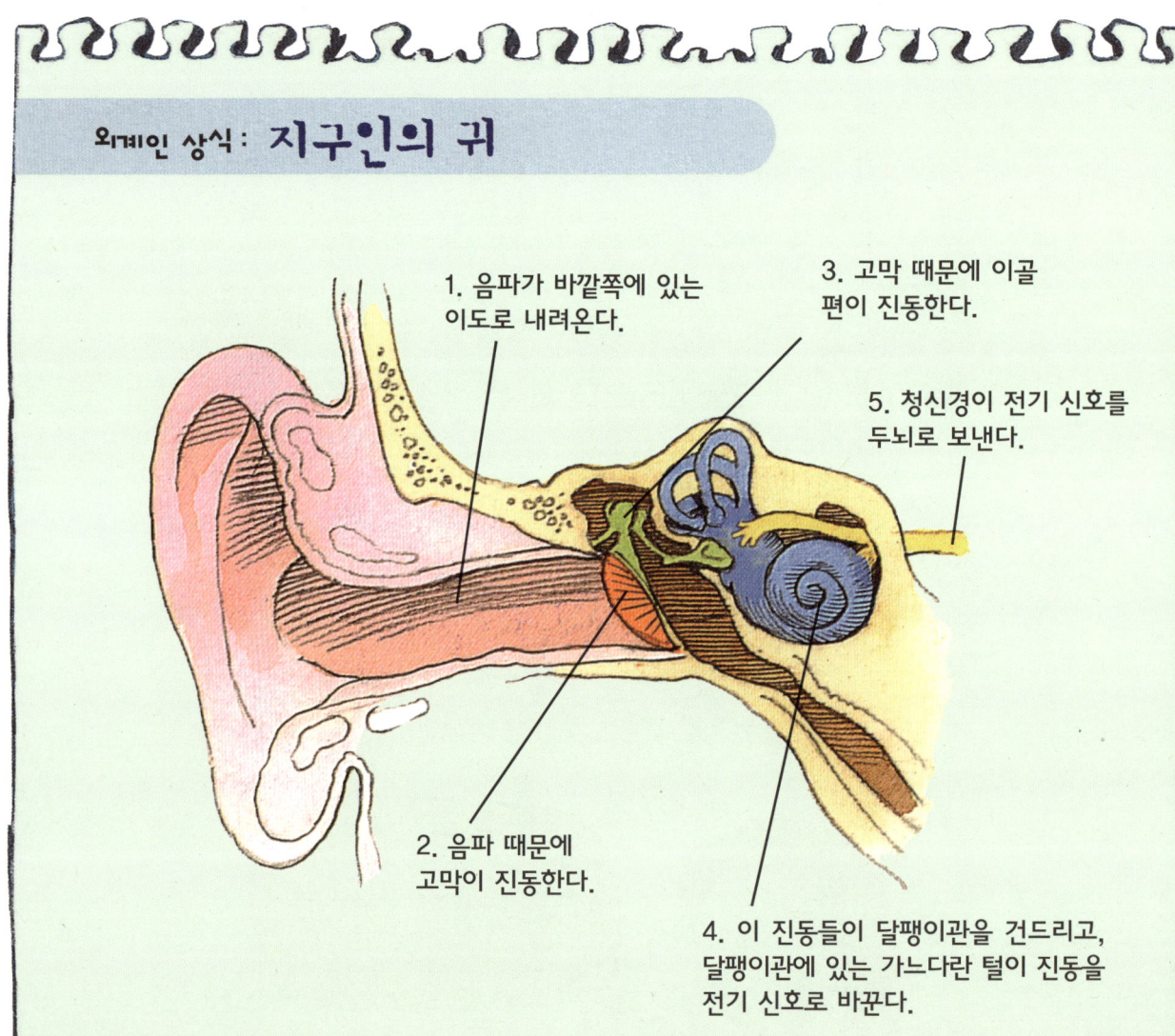

외계인 상식: **지구인의 귀**

1. 음파가 바깥쪽에 있는 이도로 내려온다.
2. 음파 때문에 고막이 진동한다.
3. 고막 때문에 이골편이 진동한다.
4. 이 진동들이 달팽이관을 건드리고, 달팽이관에 있는 가느다란 털이 진동을 전기 신호로 바꾼다.
5. 청신경이 전기 신호를 두뇌로 보낸다.

 ## 귀가 두 개이면 한 개일 때보다 더 잘 들릴까?

실험 준비물
눈가리개, 클립 2개, 필기도구

방법
1. 실험대상자를 방 한가운데 의자에 앉힌다. 눈가리개를 씌운다.
2. 걸으면서 클립 두 개를 맞부딪친다. 실험대상자가 겨우 들을 수 있을 정도의 소리를 낸다.
3. 거리를 두고 실험대상자 주위를 한 바퀴 돈다. 실험대상자의 앞, 뒤, 왼쪽, 오른쪽 등 원하는 대로 클립을 맞부딪친다. 실험대상자는 어디서 소리가 나는지 맞추는가?
4. 실험대상자에게 한 쪽 귀를 손가락으로 막으라고 한다. 그리고 다시 똑같이 시험한다. 클립을 치는 소리가 더 잘 들릴까? 아니면 더 안 들릴까?

품! 데이노이드가 피트의 귓속에 있던 정보 흡입기를 빼냈어요. 그랬더니 영상도 사라졌어요.

"왜 귀가 두 개 달렸을까?"

데이노이드가 물었어요.

피트는 분명 물건을 보고 있었어요. 그건 옅은 초록색이었어요. 데이노이드가 이제 시각의 감각을 알아보려 해요.

갑자기 초록색 빛이 사라졌어요. 피트가 깜빡거렸어요.

"눈은 왜 머리 앞쪽에 있을까?"

데이노이드가 물었어요. 위플 선생님이 눈에 대해 뭐라고 말씀하셨더라? 분명 과학 시간이었는데……. 피트가 기억을 더듬었어요. 알았다!

"인류는 예전에 사냥꾼이기도 했었어. 머리 앞쪽에 눈이 달려 있어서 거리를 가늠할 수 있었어. 그건 중요한 거야. 사냥꾼들이 먹잇감한테 화살을 쏘고 돌멩이를 던지는데 거리가 중요했지. 거리를 가늠해서 사냥하면 아주 잘 되었던 것 같아."

외계인 상식: 지구인의 눈

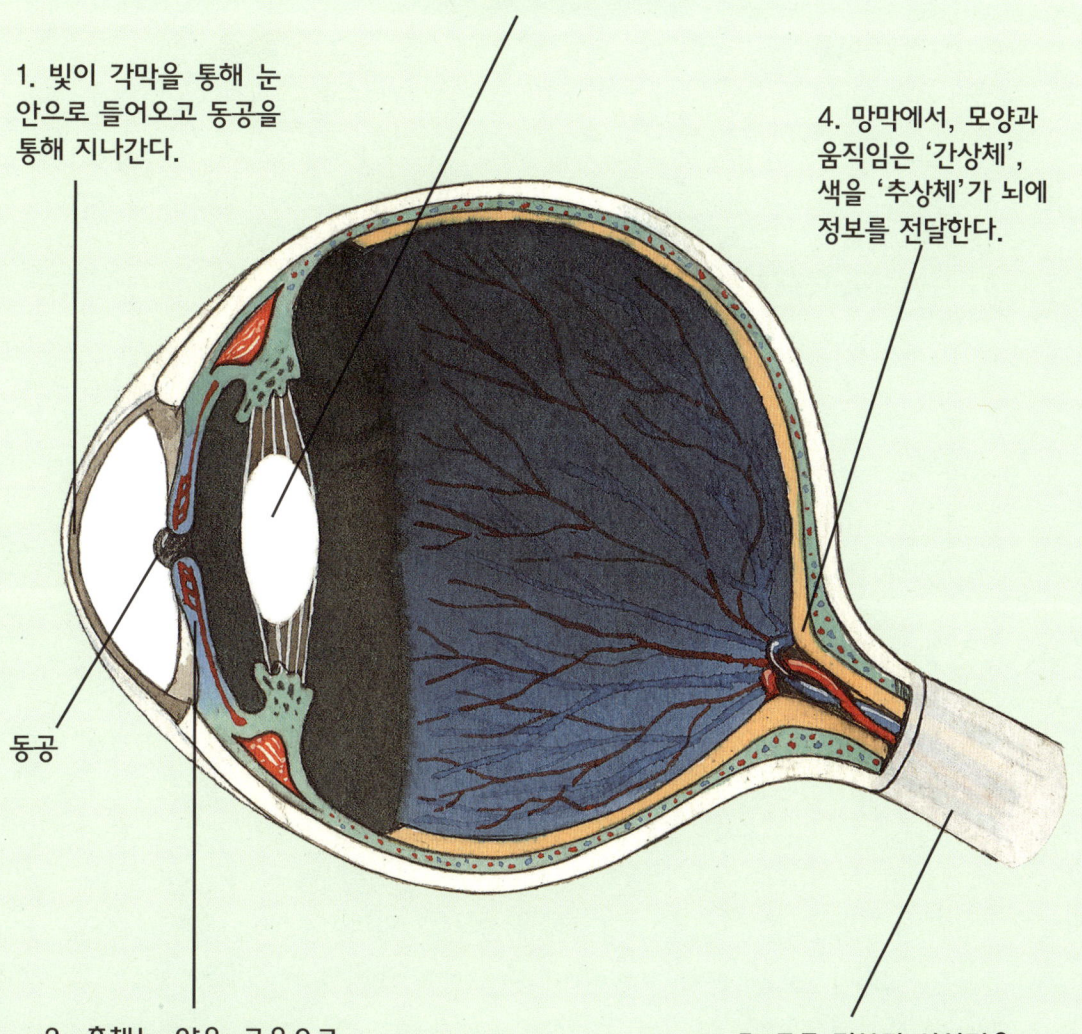

3. 렌즈는 빛을 구부려서 눈 뒤에 있는 망막을 건드린다.

1. 빛이 각막을 통해 눈 안으로 들어오고 동공을 통해 지나간다.

4. 망막에서, 모양과 움직임은 '간상체', 색을 '추상체'가 뇌에 정보를 전달한다.

동공

2. 홍채는 얇은 근육으로 되어 있는데, 동공의 크기와 받아들일 빛의 양을 조정한다.

5. 모든 정보가 시신경을 통해 두뇌로 전달된다.

두 눈이 거리를 재는 데 도움이 될까?

실험 준비물

병, 동전이나 단추 10개

방법

1. 기다란 탁자 끝에 있는 의자에 앉는다. 반대편에 실험대상자를 앉힌다. 여러분 앞에 병을 놓는다. 여러분은 동전을 집어 병에서 약 25센티미터 위로 떨어진 다른 곳에 동전을 내려놓는다.

2. 실험대상자한테 직접 동전의 방향을 지시하라고 한다. 즉 동전을 오른쪽으로 놓으라든지, 앞으로 놓으라든지 하라고 한다. 그러다가 실험대상자가 동전이 병 위에 위치해 있다고 생각할 때, 그때는 동전을 병 안에 넣으라고 말하라고 한다. 몇 개나 병에 동전을 넣었는가?

3. 이번에는 실험대상자에게 한 쪽 눈을 가리라고 한다. 그리고 똑같은 방법으로 다시 실험한다. 이번엔 몇 개의 동전을 병에 넣었는가?

여러 사람한테 시험해 보세요. 그들이 두 눈 개로 또는 눈 하나로도 거리를 잘 가늠할 수 있을까요?

피트는 이 연구에 점점 재미를 느끼기 시작했고, 데이노이드가 하는 일에 참견하기 시작했어요. 너무 재미있었어요. 피트는 바지 속에 개미라도 들어간 듯한 느낌이어서 손 하나를 바지 속에 넣었어요. 여기저기 근질근질! 와, 와! 데이노이드는 피트의 촉감을 시험하고 있는 중일까요?

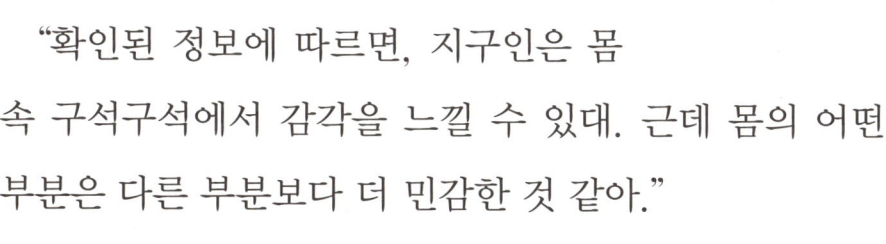

"확인된 정보에 따르면, 지구인은 몸 속 구석구석에서 감각을 느낄 수 있대. 근데 몸의 어떤 부분은 다른 부분보다 더 민감한 것 같아."

데이노이드가 말했어요.

몸의 어느 부분이 가장 민감할까요?

실험 준비물

눈가리개
U자 모양으로 구부린 종이클립 1개

방법

1. 실험대상자한테 눈가리개를 씌우고, 여러분은 클립을 쥐고 클립의 뾰족한 부분 중 한 개나 두 개로 가볍게 실험대상자에게 갖다댄다. 눈가리개를 한 실험대상자한테 뾰족한 부분이 한 개 또는 두 개로 접촉한 것인지 묻는다.
2. 몸의 여러 부분들을 상대로 시험해 본다. 손가락, 발, 볼, 등 한가운데, 혀, 무릎, 입술 등. 어떤 것은 두 뾰족한 부분 중 한 개로만 건드린다. 시험할 때마다 결과를 기록한다. 실험대상자는 올바르게 답변을 했는가, 아니면 그렇지 못했는가?

몸의 어떤 부분들은 다른 곳보다 더 민감한가요? 더 많은 사람들한테 시험해 보고 결과를 알아 보세요.

# 감각 편

지구인의 피부 속 바로 밑에 있는 촉감수용기는 다섯 개의 감각을 탐색할 수 있다. 즉 접촉, 압력, 아픔, 열기 그리고 냉기를 느낀다. 어른 지구인의 경우 64만 여개의 이런 촉감수용기들을 가지고 있다.

지구인은 대개 맛을 보는 미뢰를 1만 여개 가지고 있다. 어린 지구인들한테 미뢰가 더 많은데, 나이가 들수록 미뢰도 줄어든다.
지구인들은 네 가지 주요 미각을 가지고 있다. 단맛, 짠맛, 신맛, 쓴맛이 그것이다. 지구인은 쓴맛을 가장 민감하게 느낀다. 대개 쓴맛이 나는 물질들은 냄새도 좋지 않다. 살아 있는 지구인과 죽은 지구인의 가장 큰 차이는 바로 감각을 느낀다는 것이다. 콧구멍은 엄지손톱 만한 크기로, 후각 수용기이다.

지구인의 귀는 청각 수용기 이상의 역할을 하는데, 속귀를 통해 평형 감각을 받아들인다.

지구인은 세상에 관한 정보 중 80% 정도를 눈을 통해 얻는다.

받는이 : 대장
보낸이 : 데이노이드
제목 : 지구인의 정보 흡입기

피노키오는 다섯 개 부분으로 이루어진 특별한 정보 모음(수집) 체계 가지고 있습니다. 먼저 보고 듣는 정보를 위한 별도의 수용기들이 있습니다. 그걸 '눈'과 '귀'라고 합니다.
지구인은 코, 입, 피부 속에도 수용기들이 있습니다. 이 체계는 저마다 두뇌에 정보를 전달하기 위해 다른 체계와 함께 일을 합니다. 두뇌는 전달받은 정보를 분석하여 지구인이 어떤 행동을 해야 할지 알려줍니다.

시험 삼아 데이노이드는 아이스큐브라고 하는 차가운 물질을 피노키오 몸 속에 넣어 봤습니다. 피부 속 센서들이 그 즉시 두뇌로 정보를 전달했습니다. 그 두뇌는 피노키오한테 몸을 위아래로 흔들어서, 아이스큐브를 몸속에서 빼낼 것을 알려주었습니다. 반응 시간이 인상적이었습니다.

피트의 소화기관을 살피다

피트는 공부만 하면 늘 배가 고파요. 수학 시험 보기 전날 밤, 피트는 냉장고에 있는 음식들을 죄다 먹어치웠어요. 하지만 지금 피트는 공부를 해서 배가 고프다는 사실을 알지 못했지요.

피트는 주머니에서 동전을 꺼내 세기 시작했어요.
"데이노이드, 감자튀김 좀 먹을래?"
"'감자튀김'에 대한 정의를 내려봐. 꼭."
"감자튀김은 먹는 거야. 이걸 먹으면 에너지(힘)를 얻지."
"아……, 연료구나. 이건 데이노이드의 연료야."

데이노이드의 집게 하나가 라벨이 붙어 있는 병 하나를 집었어요.

"향 없음, 저지방, 고섬유질, 유기농, 비타민이 풍부한 연료."

피트는 뚜껑을 열어 손에 몇 알을 덜어냈어요. 진한 초콜릿 향이 났어요. 피트는 참을 수가 없어서 입 속에 옅은 초록색 알 하나를 쏙 넣었어요. 퉤퉤! 곰팡내 나는 쿠키 같은 맛이 났어요. 피트는 그 맛을 없애려고 감자튀김 다섯 개나 먹었어요.

"이 연료는 먹으면 몸 속 어디로 가는 거야?"

데이노이드가 물었어요. 피트가 배를 가볍게 쳤어요.

"이 안에 들어 있어."

데이노이드에게 기발한 생각이 하나 떠올랐어요.

"이봐, 널 스캔할 테니 감자튀김

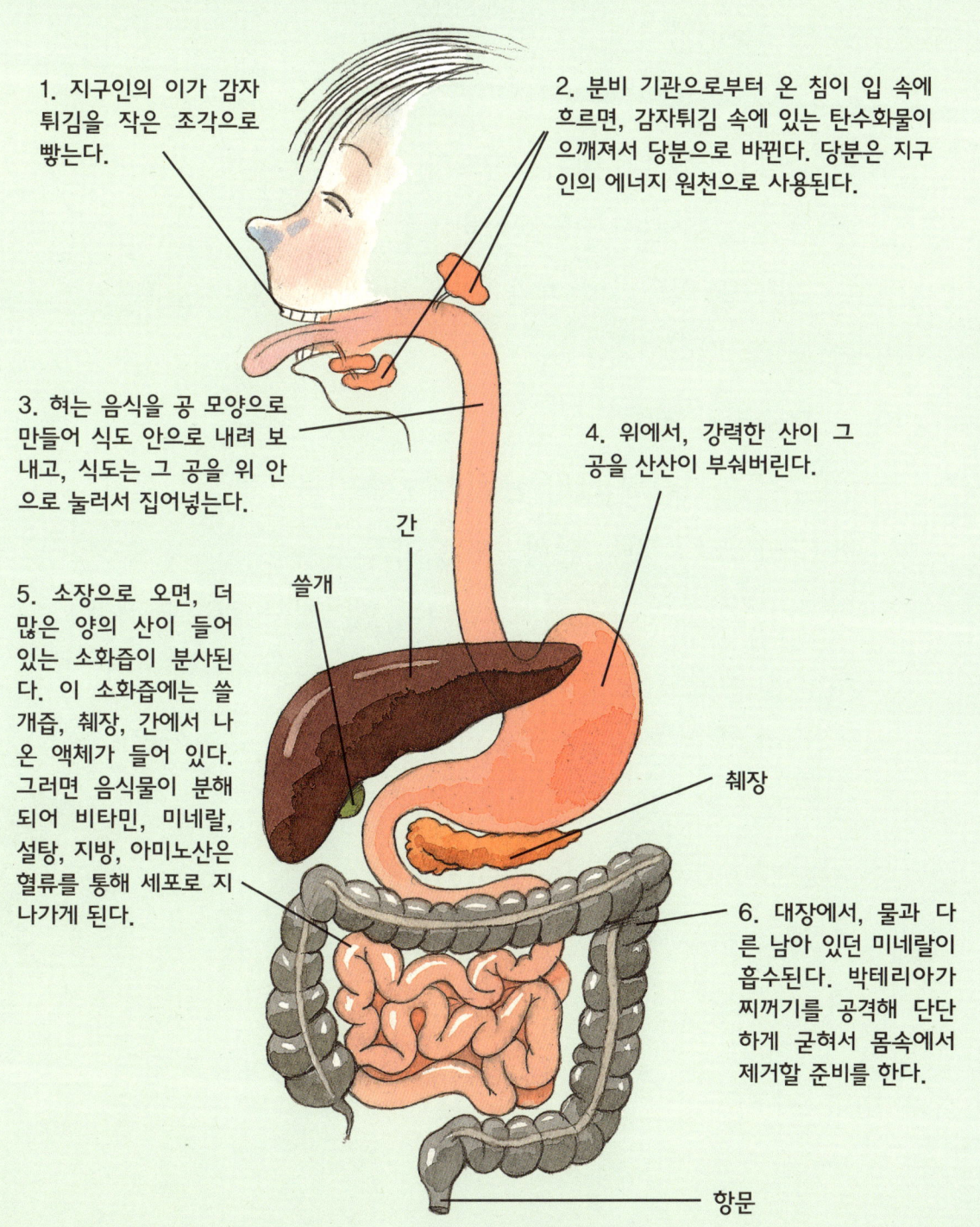

좀 먹어볼래?"

피트가 막 감자튀김을 다 먹고, 손가락에 묻은 소금을 핥아 먹고 있는데, 데이노이드가 질문을 했어요.

"음식물로 얼마나 많은 에너지를 얻지?"

"내가 뭘 먹느냐에 따라 달라. 어떤 음식은 더 칼로리가 높거든."

"칼로리가 뭔데?"

"그건 에너지의 단위야. 무게에서 킬로그램이나 길이에서 미터라고 하는 단위와 똑같아."

데이노이드의 눈알이 휙 날더니 단추를 눌렀어요. 피트가 계속 말했어요.

"내가 먹는 건 죄다 칼로리가 있어. 몸을 움직이려면 칼로리가 필요해."

데이노이드가 더 윙윙 돌았어요.

"네가 방금 섭취한 칼로리를 어떻게 사용하는데?"

음식물 먹고 칼로리 소비하기

실험 준비물
필기도구, 계산기

방법
달리기는 분당 10칼로리가 소비되고, 사이클링은 분당 약 2칼로리가 소비된다. 각 음식물의 칼로리를 소비하기 위해서 얼마나 달리고 사이클링을 해야 하는지 계산해 보세요.

음식	칼로리 수치
치즈버거 작은 것	300
머스타드 들어간 핫도그	280
바닐라 아이스크림 1스쿱	250
치즈 피자 1조각	153
수박 1조각	118
젤리빈 10개	110
삶은 계란 1개	79
초콜릿칩 쿠키	52
생 당근 1개	31
감자튀김 1개	15

"지구 정보 은행에 따르면, 지구인의 소화기관은 입에서 항문까지 약 9미터 길이로 튜브 모양이라고 하던데……. 음식물이 그 튜브를 지나가는 데 얼마나 걸릴까?"

피트는 옥수수를 먹고 그걸 알아냈었어요. 옥수수는 완전히 소화되지 않았어요. 옥수수가 소화되는 시간을 재어 보는 건 어떨까요?

음식물이 소화기관을 지나는데 얼마나 걸릴까?

실험 준비물

차거나 얼린 옥수수 알갱이

방법

1. 몇몇 친구들한테 식사와 함께 옥수수 알갱이를 먹게 하고, 옥수수를 먹었던 시간을 적어 놓는다.
2. 친구들한테 화장실을 가고 싶을 때, 변에 소화되지 않은 옥수수 알갱이가 있는지 살펴볼 것을 요청한다. 각 친구가 소화 기관을 통해 옥수수 알갱이가 변으로 나오는데 얼마나 걸렸는가?
3. 모든 시간을 더한 후 사람수로 나누면 평균 시간을 알게 된다.

 # 소화 편

지구인 입 뒤쪽에 있는 침샘에서는 매일 1리터가 넘는 침을 만들어낸다.

보통 지구인은 평생 36톤의 음식물을 먹는다.

실제 지구인의 위는 허리띠를 찬 곳보다 더 위쪽에 있고, 갈비뼈가 위를 보호한다.

어른 지구인의 위는 한번에 2리터의 음식물을 저장할 수 있다.

위에 있는 소화액 중 하나인 염산은 우주비행선의 페인트칠을 벗겨 낼 정도로 강하다.

받는이 : 대장
보낸이 : 데이노이드
제목 : 지구인의 연료 소비

피노키오의 몸에 구멍이 있는데, 그 구멍을 통해 모두 연결되어 있습니다. 꼭 메모 인이 먹는 도넛처럼 생겼습니다. 연료를 '음식물'이라고 하는데, 그 구멍(입)으로 들어와서 튜브나 주머니처럼 생긴 것들을 통과합니다. 그 길을 따라서 음식물은 화학 성분과 섞여 짓이기고 부서집니다. 성장하고, 건강을 회복하고, 움직이는 데 필요한 에너지가 추출되어 세포와 함께 지나갑니다. 단단하게 남은 찌꺼기는 몸 끝에 난 구멍(항문)을 통해 몸 바깥으로 나옵니다. 액체로 된 찌꺼기는 또다른 구멍으로 나옵니다.

피노키오가 그러는데, 아기 지구인들은 기저귀라는 걸 찬다고 합니다. 더 자라면 배출물을 처리하기 위해 특수한 방으로 갑니다. 데이노이드는 피노키오가 그 방을 사용하는 걸 보지는 못했습니다. 아마도 메모 행성에서 쓰는 배설둑 같은 것이 아닐까 생각합니다.

피트의 뼈를 파헤치다

개 한 마리가 스낵바에 있는 쓰레기통 주위를 돌며 킁킁거렸어요.
해변 아래쪽에서 누군가 개를 불렀어요.

"팡, 여기! 이리 와."

하지만 그 개는 들은 척도 않고 놀고 있었어요.

"팡. 그건 데이노이드의 이모 이름인데……."

데이노이드의 정보 흡입기가 개에 관한 정보를 수집하느라 돌고 있었어요.

"이 팡은 왜 이렇게 털이 많고 네 다리로 걸을까?"

"왜냐하면……, 왜냐하면 말이지. 그건 개라서 그래. 개들은 원래 다 그래."

데이노이드의 질문은 갈수록 점점 어려워지네요. 데이노이드는 눈알을 휙휙 날리며 미친 듯이 버튼을 눌러댔어요.

"이 데이노이드가 직접 알아보겠어."

그러더니 정보 흡입기 불빛을 개한테 쏘았어요. 그러자 마치 엑스레이가 걸어가고 있는 것 같았어요.

"놀랍다."

피트가 숨을 헐떡였어요. 그러더니 이번엔 불빛이 피트를 쏘았고, 피트의 피부를 통과하여 뼈까지 바로 볼 수 있게 되었어요.

"데이노이드!"

피트가 소리쳤어요.

"엑스레이 화면으로 보니 개는 321개의 구조로 되어 있네."

"구조라고?"

피트는 때때로 데이노이드의 말을 통역해 줄 사람이 있었으면 하는 생각이 들 때가 있어요.

"뼈를 말하는 거야?"

바로 그때 개가 해변가에서 뼈다귀를 찾아내고는 자리를 떴어요.

"저건 뼈다귀라고 해."

피트가 가르켰어요.

"팡, 여기!"

데이노이드가 좀전에 들었던 말을 흉내내어 개를 불렀요. 팡은 뼈를 쫓았다가 뼈를 떨어뜨렸다 하더니 데이노이드한테 다가와서 코를 킁킁거렸어요. 그때 팡이 다리를 하나 들어올리더니, 그만 데이노이드에게 실례를 하고 말았지요.

외계인 상식: 지구인 몸의 주요 뼈

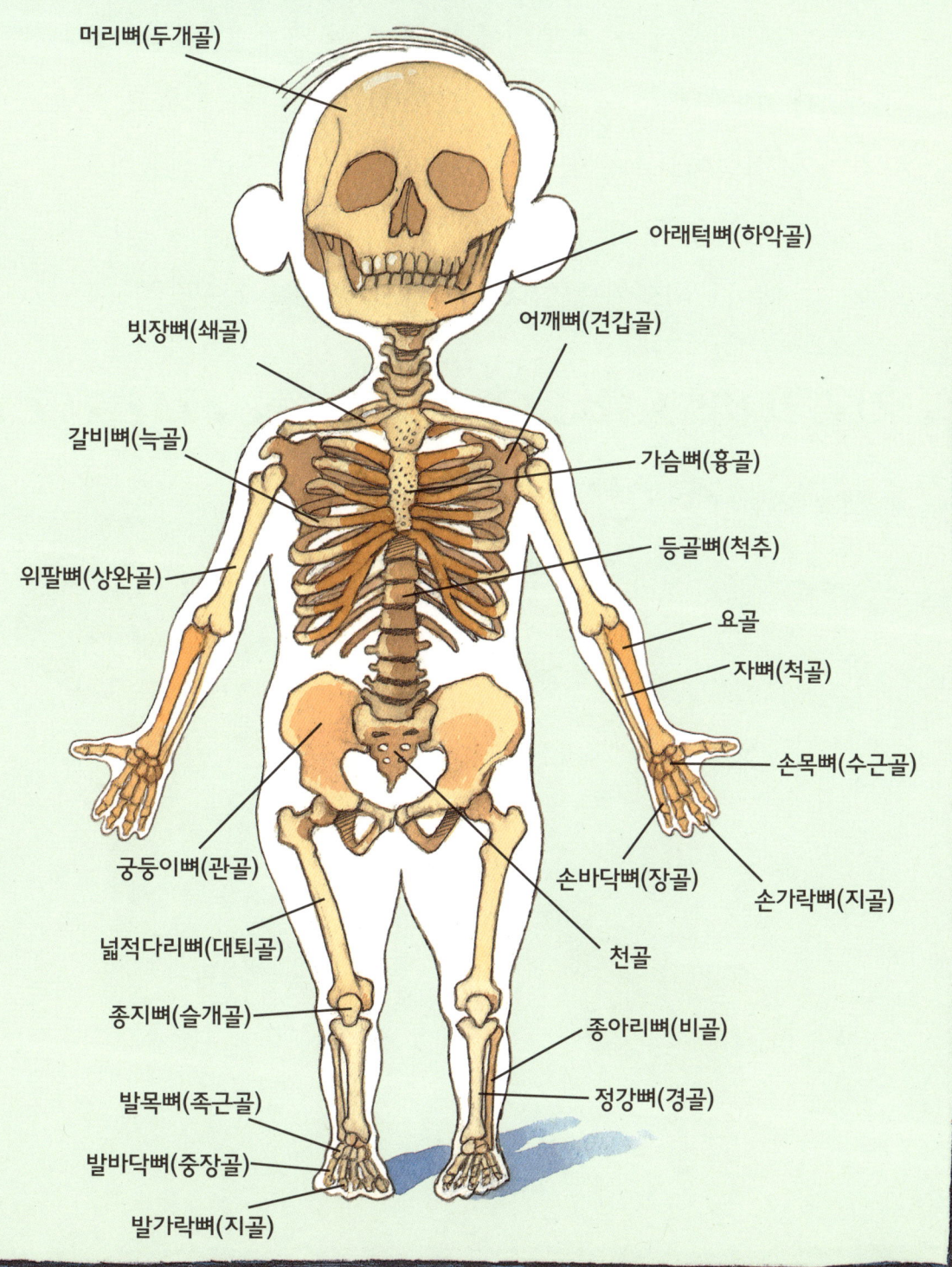

피트는 개가 전봇대에 실례하는 경우를 설명하고는 데이노이드를 닦아 주었어요. 팡은 뼈다귀를 물고 도망가 버렸어요. 데이노이드가 피트의 팔뚝을 스캔했어요.
"뼈는 모두 다 똑같아?"
데이노이드가 물었어요. 윽, 또 어려운 질문!

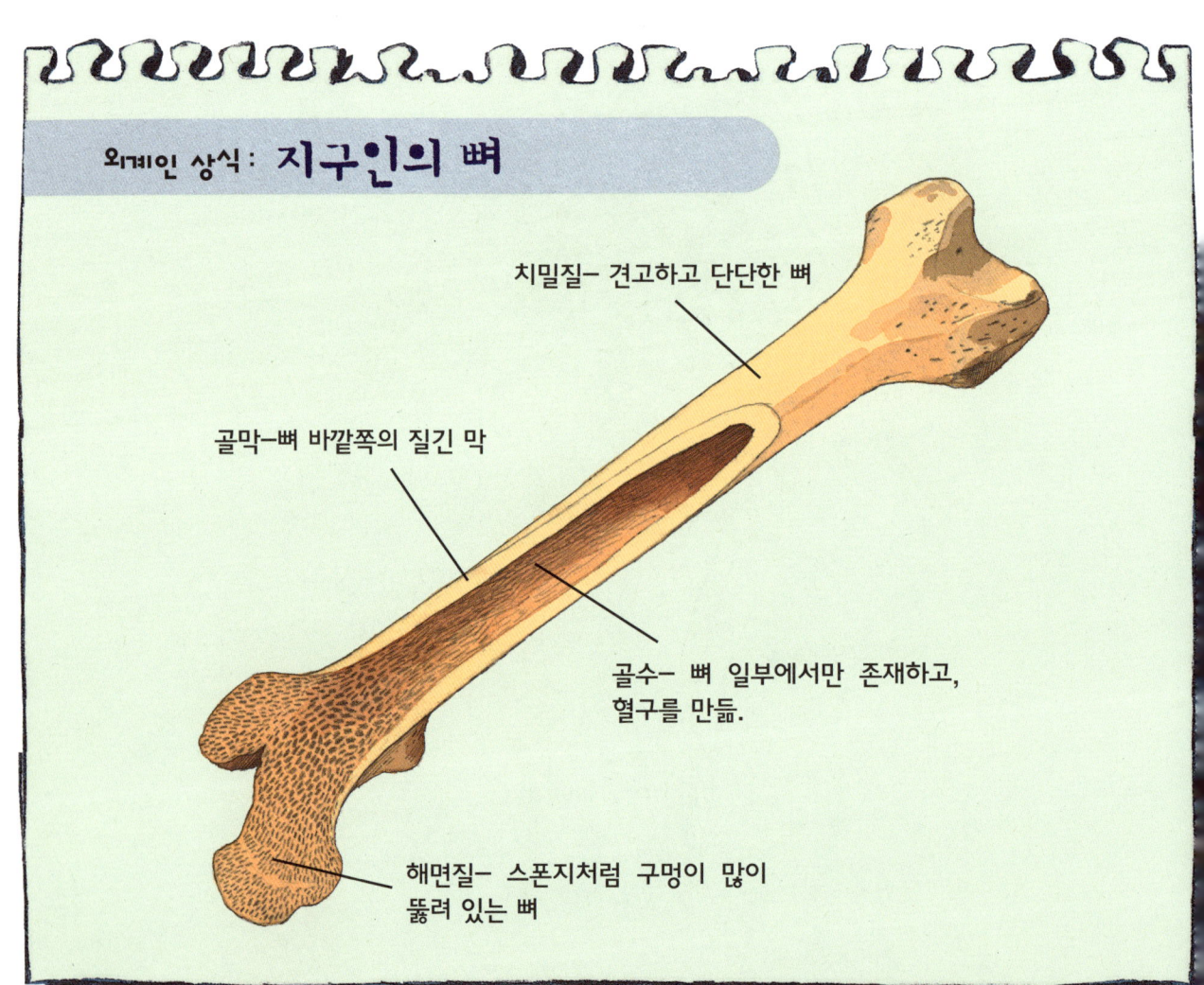

외계인 상식: **지구인의 뼈**

치밀질 – 견고하고 단단한 뼈

골막 – 뼈 바깥쪽의 질긴 막

골수 – 뼈 일부에서만 존재하고, 혈구를 만듦.

해면질 – 스폰지처럼 구멍이 많이 뚫려 있는 뼈

뼈 편

지구인의 뼈 개수는 나이에 따라 다르다. 350개의 뼈를 가지고 태어나지만, 어떤 뼈들은(머리 뼈를 포함해서) 자라면서 결합이 되어, 어른이 되면, 뼈 개수는 206개가 된다.

지구인의 뼈는 코끝처럼 부드러운 게 있는데, 연골이라고 한다. 연골은 나이를 먹을수록 딱딱해진다.

뼈는 새로운 뼈 물질을 만들어내는데, 10년마다 뼈는 완전하게 새로운 뼈로 바뀌고, 그러면 지구인은 완전 새로운 골격을 가지게 되는 것이다.

뼈는 $\frac{1}{3}$이 물로 되어 있고, 나머지는 칼슘, 콜라겐, 인 등으로 구성되어 있다.

손톱은 얼마나 빨리 자랄까?

실험 준비물

색연필, 종이. 여러 종류의 동물 뼈(소고기, 돼지고기, 닭 그리고 생선). 작은 톱

방법

1. 여기 보이는 것처럼 사람 뼈의 단면도를 그린다.

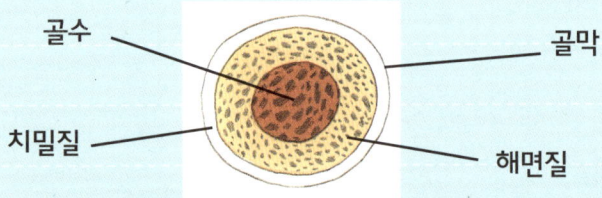

2. 여러분이 모은 동물 뼈를 좀전에 그렸던 뼈와 비교한다. 뼈를 자르지 못했다면, 어른한테 그것들을 보여주고 둘로 잘라 달라고 부탁한다.
모든 뼈들이 똑같은 단면으로 되어 있나?

받는이 : 대장
보낸이 : 데이노이드
제목 : 지구인의 몸 구조 단위

피노키오는 메모 행성인처럼 딱딱한 외부 덮개가 없습니다. 대신 몸속에 '골격'이라고 하는 구조물이 있어서 피노키오의 몸을 지탱해 줍니다. 이 골격은 200개 이상의 독립적인 뼈로 구성되어 있습니다.

뼈는 지구인 몸무게의 14%를 차지하는 무게지만, 지구인이 건물을 지을 때 사용하는 재료인 콘크리트 물질보다 더 강합니다.

뼈는 칼슘과 다른 미네랄을 포함하고 있습니다. 만약 지구인이 음식물을 통해 충분히 칼슘과 미네랄 성분을 제대로 섭취하지 못하면, 몸은 뼛속에 있는 그 성분을 빼앗아 갑니다.

피트의 근육 속을 침투하다

 데이노이드의 정보 흡입기가 먼 데까지 쭉 삐져나오는 바람에 거의 몸에서 빠질 뻔했어요. 흡입기는 바닷가에서 보디빌딩을 하고 있는 사람한테까지 향했어요.

"저 지구인은 안테나가 달려 있네."

"저건 안테나가 아니라 바벨이라고 해."

"설명해 줘. 바벨이라니?"

"무거운 바벨을 들어올려서 근육을 만들어."

피트가 주먹을 쥐고 관절을 구부렸어요. 그랬더니 위쪽 팔에 작은 혹이 나타났어요.

"이걸 근육이라고 해. 우리는 몸 곳곳에 이걸 만들 수 있지."

데이노이드가 '윙' 소리를 내더니 딸깍거리는 소리를 냈어요. 이 소리는 이 외계인이 뭔가 생각하고 있다는 걸 뜻했어요.

"네 바벨은 어디 있어?"

"없어. 바벨은 사야 되는 거야."

데이노이드는 통통 튀며 킥킥 웃었어요.

"하아! 지구인들은 몸의 일부분을 사는 거구나. 메모 행성에서 우리도 그렇거든. 그럼 네 근육도 산 거야?"

때때로 피트는 자신이 외부 공간에서 온 외계인과 이야기하고 있는 듯했어요. 피트는 데이노이드가 외계인이라는 걸 새삼 깨달았어요.

"근육은 우리 몸의 일부분이야. 우린 몸의 어떤 부분도 돈으로 살 순 없어."

그러다 피트는 인공 팔다리, 심장박동조절기, 보청기에 대해 생각했어요. 물론 가능하면 몸에 달지 않는 게 더 좋겠지만요.

"우린 신체 부위를 하나하나 직접 붙일 수 없어."

"안됐구나."

데이노이드가 피트의 팔쪽으로 정보 흡입기를 돌려 집중했어요.

"네 근육은 어떤 일을 해?"

"난 근육이 있어서 움직일 수 있는 거야. 근육은 뼈에 붙어 있지."

순간, 피트의 얼굴에서 미소가 사라졌어요. 데이노이드가 피트한테 엑스레이 광선을 비추어 피트의 몸을 꿰뚫어 보았거든요.

"오, 싫어. 다신 안 해!"

외계인 상식: 지구인 몸의 근육

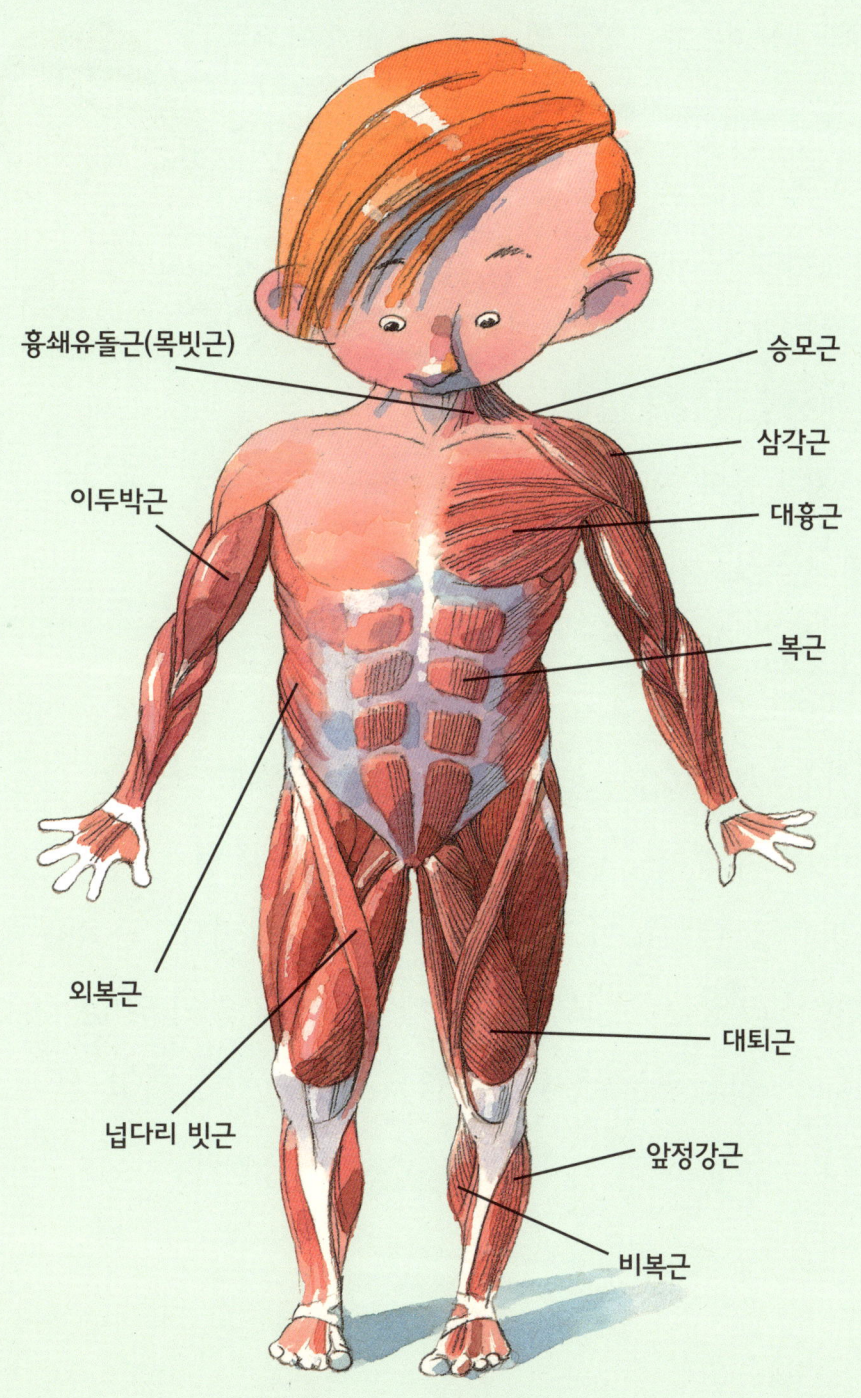

데이노이드는 피트의 팔을 스캔했어요.

"근육 좀 움직여 봐."

피트는 팔과 손을 어깨까지 구부렸어요.

"신기하다."

데이노이드가 말했어요.

"지구인의 근육은 잡아당기기만 할 수 있는 건가?"

"그런가?"

피트가 자기 팔을 쳐다보았어요.

데이노이드가 계속 스캔했어요.

"네가 팔을 접으면, 한쪽 근육은 수축돼. 다른 쪽 근육은 이완되고. 자, 팔을 펴 봐."

피트는 데이노이드의 말대로 팔을 폈어요. 근육들이 스캔되고 있는 게 보였어요. 데이노이드 말이 맞았어요. 피트가 팔을 펴도 근육은 수축되거나 이완만 되었어요.

근육은 어떻게 움직일까?

실험 준비물

4~8명, 사람 수마다 약 1미터 길이의 끈

작고 두꺼운 고무밴드, 여러 크기의 플라스틱 용기 또는 종이컵

방법

1. 보이는 것처럼 고무밴드 둘레에 줄을 묶는다.
2. 자기 쪽으로 줄을 잡아당기고, 바닥에 용기들을 놓는다.
3. 각각 줄 끝을 느슨하게 잡는다.
4. 줄을 잡아당기거나 느슨하게 잡음으로써, 고무밴드에 용기를 넣어 위로 올리고 내려본다. 계속 용기를 들어 올려서 용기를 쌓는다. 여러분과 친구들은 근육이 한 팀처럼 움직이고 있는 것이다. 용기들을 들어 올리고 쌓으면서 근육이 수축되고 이완되고 있는 것이다.

 # 근육 편

지구인은 미소를 짓는데 약 열일곱 개의 근육을 움직인다. 단어 하나를 말하는데 일흔두 개의 근육, 한 발자국 내딛는 데 약 이백 개의 근육을 움직인다.

근육이 움직이면 근육에 젖산이 만들어지는데, 젖산이 너무 많이 만들어지면 근육이 욱신거리게 된다.

지구인 몸에서 가장 넓은 넓적다리의 근육(대퇴 사두근)이다. 가장 작은 근육은 귀 속에 있는 아주 작은 뼈를 움직이는 근육이다.

받는이 : 대장
보낸이 : 데이노이드
제목 : 지구인의 움직임 촉진자

피노키오의 골격은 메모 행성의 인형처럼 생겼습니다. 근육은 끈처럼 생겼습니다. 각 근육은 당겨지기만 합니다. 하지만 함께 움직이면서, 근육은 쌍을 이루어 집단으로 움직여야 뼈를 오므리고, 들어올리고, 비틀 수 있습니다.

지구인의 근육이 뻣뻣해집니다. 지구인에겐 650여 개의 근육이 있는데, 몸무게의 거의 절반을 차지합니다. 어떤 지구인은 '바벨이라는 기구로 운동해서' 근육량을 늘리기도 합니다.

피노키오는 추우면, 근육을 재빨리 수축하고 이완시킵니다. 몸을 이렇게 덜덜 떨어 근육을 움직이면 열이 발생합니다. 피노키오는 그것을 '오한'이라고 말했습니다.

피트의 심장까지 도착하다

"어이, 완두콩 머리."
피트의 심장이 두근거리기 시작했어요.
'윽, 안 돼! 골목대장 브랜든이야!'
"뭐~야?"
브랜든이 데이노이드한테 윙크를 하며 물었어요.
피트의 심장이 너무 크게 쿵쾅거려서 브랜든이 그 소

리를 분명 들었을 것만 같았어요.

"이거 라~디오구나."

브랜든이 데이노이드를 보고 머릿속에 떠오른 대로 말했어요.

"웃기게 생긴 라디오네."

브랜든이 데이노이드에 달린 혹 하나를 비틀었어요.

피트는 심장이 멎는 것만 같았어요. 그렇지만 그때 피트는 느끼한 디제이의 목소리를 듣게 되었어요.

"힙합. 주말 내내 배우 쉰 명이 출연할 테니 자리를 뜨지 마세요. 그리고 여기 이 사람이 '투티 투티'를 부르고 있네요."

그 소리는 바로 데이노이드한테서 나오는 소리였어요! 피트의 심장이 다시 쿵쾅거리기 시작했어요. 피트가 재빨리 데이노이드의 혹을 비틀었더니 '라디오'는 이내 조용해졌어요.

"근사하다. 완두콩 머리, 이건 내가 접수하겠어."

브랜든이 팔로 데이노이드를 감싸 들어올리려 했어요. 브랜든의 근육이 덜덜 떨리고 얼굴은 찡그려졌어요. 땀이 났고, 힘줄이 볼록해졌어요. 그러나 데이노이드는 꿈쩍도 하지 않았어요.

브랜든이 다시 힘을 주었어요. 브랜든은 데이노이드를 잡아당기려고 투덜거리며 신음소리를 냈어요. 하지만 데이노이드는 전혀 움직이지 않았어요.

"아, 이런. 됐다, 됐어."

브랜든이 소리쳤어요.

"이런 쓰레기 때문에 땀을 흘릴 필요는 없지."

브랜든은 피트를 밀치며 지나가 버렸어요. 그리고 길 아래로 으쓱거리며 걸었어요.

쳇! 브랜든은 평소에 항상 길을 지나다니는 누군가를 못살게 굴었어요.

피트는 심장이 너무 두근거려서 데이노이드가 자신의 가슴을 스캔하고 있는 줄도 몰랐어요. 쿵쾅거리고 있는

외계인 상식: 지구인의 몸의 주요 골격 근육

심장은 몸 전체에 혈액을 운반하는 펌프이다. 산소가 부족한 혈액은 우심방으로 보낸 뒤 우심실로 내려 보낸다. 그곳에서부터 심장은 더 많은 산소를 얻을 수 있는 허파로 흘려보낸다. 산소가 많은 혈액은 허파로부터 좌심방으로 간 뒤 좌심실로 내려온다. 그러고는 이 산소가 풍부한 혈액을 온몸으로 보낸다.

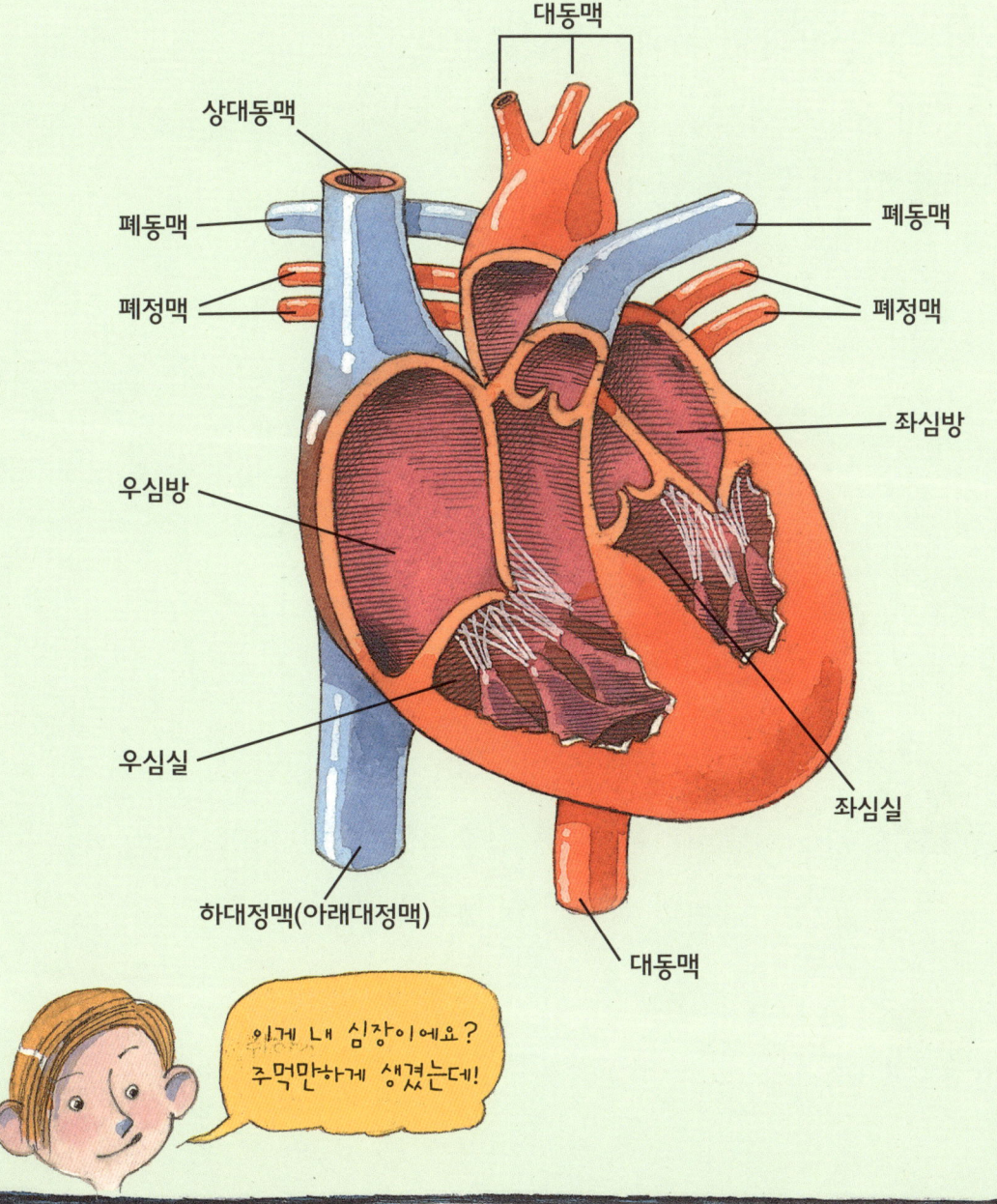

심장 영상이 데이노이드의 반짝이는 표면에 나타날 정도였는데도요.

피트는 심장을 스캔한 영상을 보았어요. 심장이 너무 작아서 놀랐어요. 크기가 주먹만했어요.

"지구인의 심장은 늘 그렇게 빨리 뛰니?"

데이노이드가 물었어요.

"그렇진 않아. 경우에 따라 달라. 내가 달리기를 하면 산소가 더 필요하게 되고, 그러면 심장이 더 빨리 뛰거든."

피트는 '내가 브랜든한테 묵사발당할 뻔했을 때'를 생각했어요. 브랜든에 관한 생각만으로도 피트의 심장이 더 빨리 뛰었어요.

흠……. 과연 여기서 과학 경시 대회 주제가 될 만한 걸 찾을 수 있을까?

심장박동수는 행동과 감정에 영향을 받을까?

실험 준비물

완두콩 크기보다 약간 더 크게 만든 찰흙덩어리
성냥개비나 이쑤시개
초를 잴 시계
필기도구
아주 무시무시한 공포 영화

방법

1. 실험대상자의 손목 안쪽에 맥박 위치를 정한다.

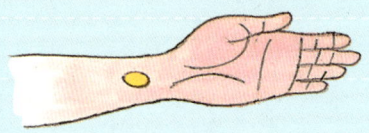

2. 맥박이 뛰는 곳에 찰흙덩어리를 납작하게 만들어 붙인다.
3. 성냥개비나 이쑤시개를 찰흙에 세워서 고정시킨다.

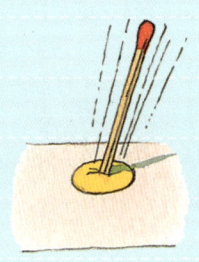

4. 찰흙을 붙인 실험대상자는 손목을 테이블 위에 올려놓는다. 그리고 주먹을 쥔다. 맥박이 뛸 때마다 성냥개비나 이쑤시개를 쳐다본다. 만약 움직임이 없다면, 다시 맥박 지점을 찾아 찰흙덩어리를 붙인다.

5. 시계를 이용하여 분당 심장이 몇 번이나 뛰는지 알아본다.

6. 실험대상자한테 방 안을 몇 번 돌게 한다. 그런 뒤 1분당 심장박동수를 기록한다. 이번엔 계단을 두 번 오르락내리락 걸으라고 한다. 심장박동수를 기록한다. 그리고 계단을 위아래로 뛰어오르게 하고 심장박동수를 기록한다. 무시무시한 공포 영화를 보여주고 나서 바로 심장박동수를 잰다.

각 움직임마다 심장박동수가 달랐나요? 무서운 영화를 보면 심장이 더 빨리 뛸까?

 # 심장 편

지구인의 심장은 일 년에 3천만 번 이상 뛴다. 평균 평생 25억 번 뛴다.

지구인의 혈액은 옅은 붉은색 또는 짙은 붉은색인데, 혈액이 산소를 얼마만큼 운반하느냐에 따라 색이 달라진다. 옅은 붉은색은 산소가 많은 혈액이고, 짙은 붉은색은 산소가 아주 적은 혈액을 말한다. 짙은 혈액을 보려면, 지구인 손목에 있는 정맥을 보면 그건 피부를 통해 거의 푸른색을 띄며 보인다. 이 짙은 혈액은 산소에 노출되면 곧바로 옅은 붉은색으로 변한다.

 심장은 지구인 몸속에서 가장 힘이 넘치는 근육이다.

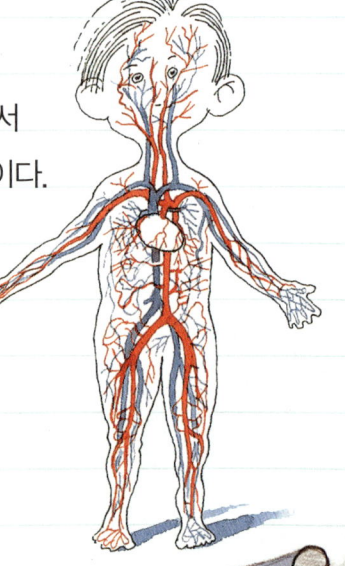

혈액은 정맥, 동맥, 소동맥, 모세혈관을 통해 몸속으로 흐른다. 혈관을 모두 연결하면, 길이는 96,500킬로미터 정도 된다.

받는이 : 대장
보낸이 : 데이노이드
제목 : 지구인의 혈액 펌프 시스템

피노키오의 심장은 몸 전체에 혈액을 순환시키는 펌프입니다. 혈액은 산소를 운반하는데, 허파로부터 산소를 얻어서 세포로 보냅니다. 그것은 또한 세포로부터 찌꺼기 가스를 흡수해 허파를 통해 배출합니다. 이러한 심장, 허파, 혈관 원리를 '심폐 체계'라고 합니다.

몸속에서 더 많은 혈액을 흐르게 하는 활동이 있습니다. 즉 소화를 시킬 때 위에 더 많은 혈액이 필요하고, 손발을 움직이려면 손발에 더 많은 혈액이 필요합니다. 무서움을 느낄 때는 팔다리에 더 많은 혈액이 흘러, 지구인이 도망치거나 싸울 태세를 갖추게 도와줍니다. 이러한 이유로 피노키오의 심장은 삐죽 머리를 한 뚱뚱보 지구인(브랜든)이 나타나면 심하게 쿵쾅거립니다.

피트의 숨쉬기를 모니터하다

　데이노이드는 피트한테 꼬치꼬치 캐묻고 스캔하고 엑스레이를 찍었었어요. 피트는 자신의 머리카락이 죽어 있다는 걸 알았고, 심장 크기가 주먹만하다는 것도 알았어요. 그리고 피트는 자신의 뼈 갯수가 강아지 뼈의 갯수보다 더 적다는 것도 알았어요. 피트는 외계인한테 자신이 먹던 감자튀김을 함께 먹자고 권하기까지 했어요. 지금 피트는 이것만으로도 충분했어요. 하지만 불행히도 데이노이드는 그렇지 않았어요.

　"몸 구석구석 움직임 조력자들의 작동을 시험해 볼 테니 빨리 움직여 봐."

　"뭐라고? 뛰란 얘기야? 절대! 꿈도 꾸지 마. 난 걸어서 집에 갈 거야."

문득 피트는 데이노이드와의 약속이 생각났어요.
"다시 잘 생각해 보니, 네 우주선을 타고 집에 가면 어떨까?"
"뛰어, 그러고나서 타."
데이노이드가 말했어요.
피트는 귀찮았지만, 우주선 안을 타볼 기회는 자주 오는 건 아니지요. 이 기회를 놓칠 수는 없었어요.
할 수 없이 피트는 짧은 다리를 홱 움직여 출발했어요. 해변 아래 중간쯤까지 뛰어갔다가 다시 되돌아왔어요.

"계속 뛰어."

데이노이드가 말했어요.

피트는 해변의 반대쪽 끝까지 뛰어 내려갔다가 다시 왔어요.

"계속 반복해 줘."

피트는 한 번 더 왕복했고 데이노이드의 발밑에서 쓰러졌어요. 피트는 숨이 차서 쌕쌕거리고 헐떡거렸어요.

"너 지금 뭐한 거야?"

데이노이드가 물었어요.

"숨을……, 고르는, 중이야, 헉헉."

피트가 헐떡거리며 말했어요.

"숨이 뭔데? 그리고 그걸 어떻게 고르지?"

"숨쉬기. 공기. 뛸 때 공기 중에 산소가 필요해. 뛰고 나도 산소가 필요하지. 실제로 우리 지구인은 늘 산소가 필요해."

"숨을 고르는 걸 나한테 보여 줘."

피트가 그렇게 했어요. 데이노이드가 피트의 허파를 스캔하기 시작했어요.

외계인 상식: 지구인의 허파

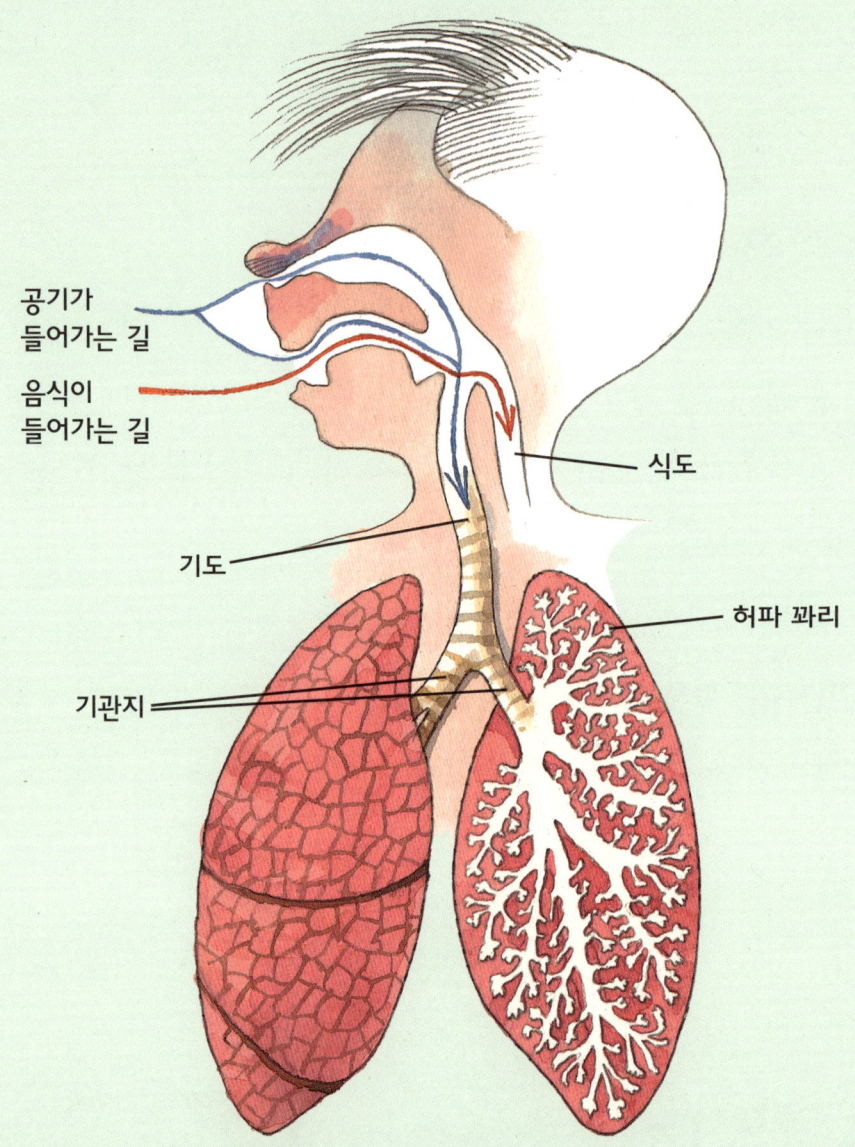

- 공기가 들어가는 길
- 음식이 들어가는 길
- 식도
- 기도
- 허파 꽈리
- 기관지

호흡기관의 통로(입과 코)를 통해 들어오는 공기는 기도와 두 갈래의 기관지를 통해 허파로 들어간다. 그곳에서 허파 꽈리라고 하는 아주 작은 주머니에서, 가스 교환이 이루어진다. 공기로부터 산소를 얻어 혈액으로 지나간다. 혈액으로부터 나온 불필요한 이산화탄소는 허파로 되돌아가서 숨을 내쉬게 해 몸 밖으로 내보낸다.

데이노이드는 스캔을 멈췄어요.

"우리 메모 행성에서는 공기가 필요 없는데······."

"그 말은 네 우주선엔 공기가 없단 뜻이야?"

"맞아."

"이런, 말도 안 돼."

피트가 데이노이드의 우주선을 타볼 기회가 갑자기 흔적도 없이 사라져버렸어요.

"데이노이드, 난 숨을 쉬어야 해. 공기가 필요하다고."

"공기가 얼마나 필요한데?"

"우주선을 타고 우리 집까지 얼마나 걸리는데? 걸어서는 30분 걸리거든."

데이노이드는 통통 소리를 내며 시간을 계산했어요.

"벡터(*크기와 방향으로 정해지는 양)를 사용해 계산해 보면, 도착예정시간은 약 4분 후 정도가 될 거야."

"흠······. 4분을 버티려면 공기가 얼마나 필요할까?"

 ## 숨을 쉬려면 공기가 얼만큼 필요할까?

실험 준비물

뚜껑 달린 깨끗하고 빈 4리터짜리 플라스틱 병
구부릴 수 있는 음료 빨대 눈금 있는 컵

방법

1. 개수대에 물을 반쯤 채운다.

2. 병에 물을 끝까지 채운다. 뚜껑을 막는다. 병을 위아래로 흔들고 개수대 물속으로 그것을 (거꾸로) 넣는다. 뚜껑을 연다. 병에 공기 방울이 있다면, 다시 시작한다.

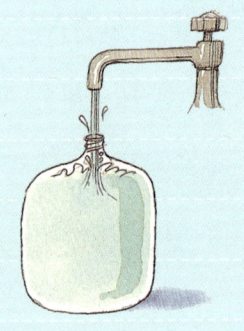 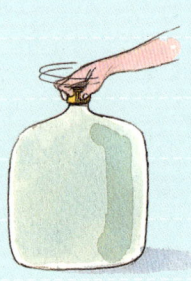 

3. 빨대 끝을 구부리고 그것을 병 입구로 집어넣는다.

4. 한 명한테 병을 잡으라고 한다. 숨을 깊이 들이마신 뒤, 가능한 많은 양의 공기를 빨대를 통해 병 속으로 집어 넣는다. 공기가 병 밖으로 좀 나올 것이다.

5. 뚜껑을 닫고 병을 물 밖으로 꺼낸다.

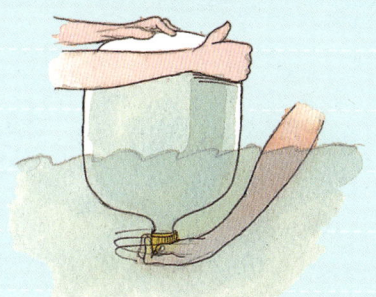

6. 여러분이 얼마나 공기를 밖으로 내뱉었는지 알아보려면, 눈금표시가 있는 컵을 사용하여 물을 병에 채운다. 물을 채운 양이 숨 쉴 때 필요한 공기 양이다.

내가 한 번 숨 쉴 때마다 필요한 공기 양을 안다면, 내가 집에 도착할 때까지 4분 동안 필요한 공기는 얼만큼일지 알 수 있을 거야.

 ## 허파 편

지구인은 공기 속의 먼지와 이물질을 여과하여 제거한다. 콧속에 털과 점액이 물질을 붙잡아서 그것을 코 뒤쪽 안으로 그리고 목구멍으로 옮긴다. 그곳에서 물질이 삼켜진다.

때로 먼지와 이물질은 공기 폭발로 코 밖으로 떠밀려 나가는데, 이걸 재채기라고 부른다. 메모 행성인들에게 경고음이 울리는 것과 같다. 재채기로 생기는 작은 물방울은 고속도로 위를 달리는 지구인 자동차처럼 매우 빨라서 3.7미터까지 튀어 나온다.

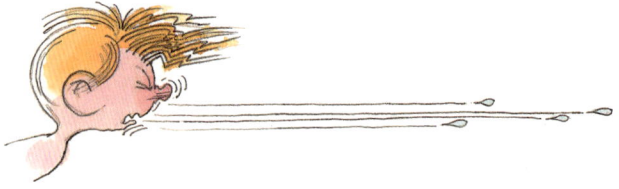

더 작은 지구인은 더 큰 지구인보다 더 빨리 숨을 쉰다. 왜냐하면 허파가 더 작아서 한꺼번에 많은 양의 산소를 빨아들이지 못하기 때문이다.

받는이 : 대장
보낸이 : 데이노이드
제목 : 지구인의 숨쉬기 장치

허파는 피노키오의 심폐 체계의 한 부분입니다. 혈액은 허파에서 심장의 도움으로 이산화탄소, 폐가스를 제거하여 온몸의 세포로 산소를 보냅니다. 허파는 이산화탄소를 내보내고, 바깥에 있던 산소를 몸속으로 들여보냅니다.

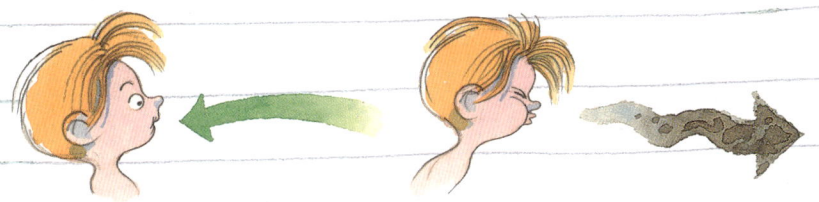

피노키오는 꾸준한 산소 공급이 없으면, 몸이 제대로 움직이지 못할 거라고 주장했습니다. 피노키오에 따르면, 아무리 노력해도, 오랫동안 숨쉬기를 멈출 수 없다고 합니다. 지구인의 두뇌는 혈액 속의 이산화탄소 양을 모니터하는 듯합니다. 이산화탄소 수치가 너무 높으면, 두뇌가 몸한테 신호를 보내어 숨을 내쉽니다.

데이노이드, 나 내려야겠어.

마지막 만남

　데이노이드는 우주선으로 피트를 집에 데려다 주었어요. 피트는 엄청나게 빠른 엘리베이터를 타는 것 같았어요. 둘은 손을 흔들며 인사했어요. 피트는 손을, 데이노이드는 손대신 정보 흡입기를요.

　피트는 헤어지면서 데이노이드한테 털어놓았어요. 자기 진짜 이름은 피트이고, 피노키오가 피노키오라고요. 피트는 데이노이드가 우주선을 하늘로 띄우며 올라갈 때 데이노이드의 정보 흡입기가 흔들리는 걸 보았어요. 데이노이드는 작은 꼬마 피트를 그리워할 것입니다.

　어느 날 피트가 집 주차장에 있는 장난감들을 살짝 치

우고 있는데, 텔레비전 뉴스 중계차가 집 앞에서 멈추는 소리가 났어요. 카메라 한 대가 피트를 비췄어요. 그 뒤로 사람들이 바짝 뒤따르고 있었어요.

"얘, 얘, 너 우주인 봤니?"

신문 기자들이 그 뒤를 이었어요.

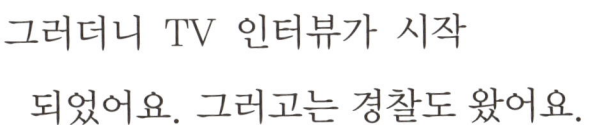

그러더니 TV 인터뷰가 시작 되었어요. 그리고는 경찰도 왔어요.

한 동물원 측에서 우주 생명체 학회 한테 재단을 세우라며 이곳으로 불렀어요.

하지만 피트가 말할 수 있는 건, 서쪽 하늘에서 붉은색 원반 모양의 물체가 떠오르는 걸 봤다는 거였어요. 그건 장난감 플라스틱 원반이었을지도 몰라요.

이후 몇 주일 동안 피트는 정신이 하나도 없었어요.
마침내 피트는 유명 인사가 되어 있었어요. 심술쟁이 브랜든이 피트를 괴롭히는 걸 그만둘 정도였어요. 그리고 피트는 데이노이드와 함께 사람 몸에 관해 공부했던 것을 이용해, 과학 경시 대회에서 상을 탔어요. 피트가 과연 어떤 주제를 선택했는지 알아맞춰 볼래요?

데이노이드는 인공위성을 통해 라디오를 들었어요. 지구에서 데이노이드의 우주선이 방문했던 것에 관한 뉴스가 나오는 걸 들었어요.

"한동안 시끄럽겠군."

대장이 말했어요.

"저는 저 기특한 꼬마녀석이 그리울 겁니다."

데이노이드가 한숨을 지었어요. 이 외계인은 그동안 수집한 지구인에 관한 정보를 분석하기 시작했어요.

지구인 해부학에 관한 보고서
날짜 : 2368년 안드로메다 6
제목 : 피트(이전 이름은 피노키오)
제출자 : 메모 행성의 데이노이드

지구인 피트가 지구인 해부학을 연구하기 위한 여러 실험에 기꺼이 동참해 줌. 데이노이드는 정중하게 다음과 같은 연구 결과를 제출하는 바임.

● 지구인은 저마다 나이가 다른데, '살'이라며 센다. 지구인은 11살에 본격적으로 몸이 제대로 작동할 태세를 갖추는데, 그 이후로는 몸에서 새롭게 생기는 부분은 없다. 몸 부분은 지구인과 함께 더불어 성장한다.

● 지구인은 비록 모두 똑같은 몸 부분(행성 연결자, 조작 기능들 등)을 가지지만, 지구인마다 모양은 다르다.

● 지구인 몸은 모두 각자 역할이 있다. 메모 행성에서처럼 장식용으로 달린 건 없다.

- 몸의 많은 부분들은 다른 부분과 연동하여 제 기능을 발휘하는데, 예를 들어 소화 기관과 심폐 기관이 그렇다.

- 지구인은 성장하고, 움직이기 위해서 공기 중의 산소를 마시고, 영양분을 섭취함으로써 필요한 에너지를 얻는다. 따라서 지구인은 메모 행성에선 많이 드는 비용이 절감된다. 몸이 작동하는 데 심각한 문제가 생기면, 지구인은 특수 시설을 이용하는데, 그것을 "병원"이라고 부른다.

- 지구인 피트는 유머 감각이 있고 호기심이 많았다. 모든 지구인들이 이러한 특징을 가지고 있는지는 잘 모르겠다.

데이노이드 씀

Earthlings Inside and Out : A Space Alien Studies The Human Body Text ⓒ1999 Valerie Wyatt
Illustrations ⓒ1999 Dusan Petricic
Published by permission of Kids Can Press Ltd., Toronto, Ontario, Canada.
All rights reserved. No part of this publication may be reproduced, stored in a retrieval system,
or transmitted in any form or by any means, electronic, mechanical photocopying,
sound recording, or otherwise, without the prior written permission of Kumtle

Korean Translation Copyright ⓒ2012 by Kumtle
Korean edition is published by arrangement with Kids Can Press Ltd.
through Imprima Korea Agency

이 책의 한국어판 저작권은 Imprima Korea Agency를 통해 Kids Can Press Ltd.와의 독점계약으로 꿈틀에 있습니다.
저작권법에 의해 한국내에서 보호를 받는 저작물이므로 무단전재와 무단복제를 금합니다.

꿈틀 저학년 도서관 7
외계인 데이로이드의 지구인 관찰 보고서

초판 1쇄 발행 2012년 10월 30일
초판 5쇄 발행 2016년 10월 5일

지은이　밸러리 와이어트
그린이　두잔 페트리시크

펴낸곳　꿈틀
펴낸이　이정아
출판등록　제313-2005-53호
주소　(121-880) 경기도고양시일산서구송산로334번길77-33
전화　070) 7718-3381
팩스　0505) 115-3380
e-mail　coky@paran.com

ⓒ밸러리 와이어트, 2012
ISBN 978-89-93709-18-6　13810　값 12,000원

＊이 책의 출판권은 꿈틀에 있습니다. 저작권법에 의해 한국 내에서 보호받는 저작물이므로
　무단전재와 무단복제를 금합니다.
＊잘못 만들어진 책은 구입하신 곳에서 바꾸어 드립니다.